텔레비전에 대하여

텔레비전에 대하여

피에르 부르디외

현택수 옮김

東文選 文藝新書 404

SUR LA TÉLÉVISION

suivi de L'emprise du journalisme

by Pierre Bourdieu

차 례

이 책은 콜레주드프랑스의 강의 형식으로
1996년 5월 18일 녹화되고,
같은 달에 파리 프리미에르에서 방영된 두 편의 프로그램
(⟨*Sur la télévision*⟩ et ⟨*Le champ journalistique et la télévision*⟩,
Collège de France-CNRS audio-visuel)
내용에 가필과 수정을 한 것이다.

그리고 한 편의 논문
(텔레비전의 영향력을 특집으로 다룬
사회과학연구지의 한 호에 실린 논문)을
부록에 재수록하였는데,
이 글은 매우 엄격한 형식으로
이 두 개 강의의 주제들을 다룬 것이다.

저는 콜레주드프랑스에서 저의 강의를 듣는 일반 청중의 한계를 넘어서기 위하여, 이 두 개의 강의를 텔레비전에서 하기로 마음먹었습니다. 저는 사실상 텔레비전이 다양한 메커니즘을 통하여 문화 생산의 다양한 분야들(예술·문학·과학·철학·법)에 매우 큰 위험을 줄 수 있다고 생각합니다. 이것에 대한 심도 있고 체계적인 분석은 보다 많은 시간을 요하므로 저는 여기서 이것을 간단하게 설명하려 합니다. 저는 책임 의식이 강한 언론인들이 생각하고 말하는 것과는 다르게 진실로 말해서, 텔레비전은 정치적 삶과 민주주의에 큰 위험을 준다고까지 생각합니다. 저는 다음과 같이 분석하면서 이를 쉽게 증명해 보일 수 있습니다. 즉 텔레비전은 일부 신문과 같이 가장 광범위한 수용자를 찾아서, 외국인을 싫어하고 인종차별적인 선언과 행동을 선동하는 자들을 인정하거나,

정치에 있어서 민족주의가 아닌 협소한 자국적 비전을 매일 보여줍니다. 매우 프랑스적인 특수성을 꼬집는다고 저를 의심하는 사람들을 위하여, 수많은 미국 텔레비전의 병리 중에서 통제 불가능한 일련의 사법적 결과들로서 O. J. 심슨의 재판에 대한 미디어의 취급 방식이나, 최근의 '성범죄'와 같은 단순 살인 사건의 구성을 상기할 수도 있습니다. 그러나 아마도 그리스와 터키 사이에 일어난 최근의 사건이 수용자 확보를 위한 끝없는 경쟁의 가장 좋은 예가 될 것입니다. 이미아(Imia)라는 조그만 무인도에 대한 징집령과 한 민영 방송사의 호전적인 선언에 따라, 그리스의 민영 라디오와 텔레비전 방송들은 일간지의 뒤를 이어 민족주의적 열광을 격화시키는 데에 나섰습니다. 터키 텔레비전과 신문들도 수용자 경쟁의 같은 논리에 의하여 전쟁에 참가하였습니다. 그리스 병사의 섬 상륙, 함대의 이동, 그리고 전쟁을 가까스로 피할 수가 있었습니다. 아마도 터키와 그리스뿐만 아니라 유고슬라비아와 프랑스 등에서 발견되는 이 새로움의 본질은, 오늘날 현대적 커뮤니케이션의 방식이 제공하는 이 기본적 정열을 전부 이용하는 가능성 속에 있습니다.

마치 '개입'처럼 보이는 이 강의의 계약을 지키기 위하여, 저는 모든 사람들이 다 이해하는 방식대로 표현하도록 노

력하여야 했습니다. 이것은 여러 경우에 있어서 설명을 단순
화시키고 개략화하였습니다. 텔레비전에서 보통 하는 것과는
달리(혹은 반대로) 본질, 즉 담론을 가장 중요한 곳에 놓기 위
하여, 저는 연출자의 동의 아래 위치 조절과 촬영의 모든 형
식적인 추구를 피하고, 일러스트레이션들(방송의 부분 발췌, 자
료 복사, 통계 등)을 넣지 않기로 결정했습니다. 그것들은 귀
중한 시간을 소비하는 것 이외에 논쟁적이고 논증적인 이야
기를 원하는 나의 목적을 흩뜨릴 수 있기 때문이었습니다. 분
석적이고 비판적인 담론의 자율성을 확인하는 방식처럼, 저
는 분석의 대상인 일반 텔레비전과의 대조를 원했습니다. 그
것은 소위 교수 직강의 현학적이고 중압적인, 그리고 학술적
이고 교조적인 분위기를 자아낼 것입니다. 사실상 이렇게 조
목조목 들어서 논증하는 담론이 텔레비전에서는 점차 배제
되어 왔습니다. 미국의 정치 토론 프로그램에서 7초를 초과
하지 못하는 개입 발언의 규칙은, 어느덧 사상의 조종에 대한
저항과 사상의 자유를 확증하는 가장 안심되는 형식이 되었
습니다.

　제 경우와 같이 담론에 의한 비판은 부득이한 수단일 뿐
이고, 덜 효과적이고 재미없는 대용품일 뿐이라는 것을 저는
잘 의식하고 있습니다. 이미지에 의한 이미지의 진정한 비판

은, 예를 들어 장 뤽 고다르의 〈만사형통 *Tout va bien*〉〈잘 돼 갑니까? *Comment ça va?*〉에서 피에르 카를에 이르기까지 여러 곳에서 발견될 수 있습니다. 저는 이들 사상의 연장과 보완을 의식하고 있습니다. 그 사상이란 '커뮤니케이션 부호의 독립'을 위한 모든 영상 전문가들의 꾸준한 투쟁 정신과, 조제프 크라프트의 사진 분석과 그 이용에 대해 모범적인 예증을 보여준 장 뤽 고다르의 이미지에 대한 비판적 성찰입니다. 저는 이 영화감독이 제안했던 계획을 제 생각대로 인용할 수 있을 것 같습니다. "이 작업은 영상과 소리, 그리고 이들간의 '관계'에 대해 정치적으로(나는 사회학적으로 말하고 싶지만) 물어보는 것으로 시작했습니다. 그것은 더이상 '이것이 올바른 영상이다'라고 말하는 것이 아니라, '이것은 단지 영상일 뿐이다'라고 말하는 것입니다. 그것은 '말을 탄 북군 장교'가 아니라 '말과 장교의 이미지입니다.'"

저는 착각인지 몰라도 저의 분석이 신문과 텔레비전에 대한 '공격'처럼 받아들여지기를 원치 않습니다. 저의 생각은 텔레 소르본(Télé Sorbonne) 스타일 같은 문화 텔레비전의 복고주의적 향수도 아니고, 예를 들어 어떤 르포 방송을 통해 텔레비전이 가져올 수 있는 모든 것에 대한 반동적이고 퇴행적인 거부도 아닙니다. 저의 분석 작업은 특히 그 자신의 잘못된 비판적 시각으로 많이 경도된 언론계의 나르시즘적인 만족을 부풀려 주지 않으리라고 생각됩니다. 단지 저는 직접 민주주의의 훌륭한 도구가 될 수 있는 것이, 상징적 억압의 도구로 전환되지 않도록 싸우는 영상업계의 모든 사람들에게 저의 작업이 도구와 무기가 될 수 있기를 희망합니다.

스튜디오와 그 내막

저는 여기 텔레비전 앞에서 텔레비전에 대한 몇 가지 질문을 하고 싶습니다. 이것은 좀 이율배반적인 시도라고 생각되는데, 저는 일반적으로 텔레비전 앞에서, 특히 텔레비전에 대해 중요한 것을 말할 수 없다고 생각하기 때문입니다. 텔레비전에서는 아무것도 말할 수 없다는 것이 사실이라면 가장 훌륭한 지성인들, 즉 지식인·예술가·작가 들이 텔레비전에서 말하는 것을 삼가야 한다고 결론을 내려야 합니까?

사람들은 전부 아니면 아무것도 아니라는 식의 이러한 극단적인 양자택일을 받아들이지 않을 것입니다. 저는 '일정한 조건 아래' 텔레비전에서 말하는 것이 중요하다고 생각합니다. 오늘 콜레주드프랑스의 방송 서비스의 도움으로 저는 완전히 예외적인 조건의 혜택을 받았습니다. 첫째로, 저의 강의 시간이 제한되지 않았습니다. 둘째로, 강의 제목이 부과되지 않았습니다. 강의 제목은 제가 자유롭게 정했고, 또 변경할 수도 있습니다. 셋째로, 스튜디오에는 저에게 명령하는 사람이 아무도 없습니다. 즉 일반 방송의 경우와는 달리 기술적인 면에서, 혹은 '시청자가 이해하지 못할 것'이라는 노파심에서, 혹은 도덕과 예의범절 등의 측면에서 간섭하는 사람들이 없습니다. 이것은 아주 특별한 상황입니다. 유행이 지난 용어를 사용하자면 저는 '생산기구들을 통제'한 것인데, 이것은 관례적인 일은 아닙니다. 저에게 주어진 조건이 완전히 예외적인 것이라고 말하면서, 저는 텔레비전이 요구하는 일반적 조건들에 관해 이미 말하고 있습니다.

그런데 사람들은 왜 일반적인 조건에도 불구하고 텔레비전 방송에 참여하는 것을 받아들이는가? 이것은 매우 중요한 질문입니다. 그러나 방송에 참여하는 대부분의 연구자·학자·작가(기자는 아님) 들은 이런 질문을 하지 않습니다. 이런 질문의 부재에 대해 문제시하는 것이 필요한 것 같습니다. 사실상 텔레비전에서 무엇을 제대로 말할 수 있을지 염려하지도 않고, 방송 출연을 받아들이는 것은 무언가를 말하기 위해서가 아니라 다른 이유, 특히 보여주고 보이기 위한 것임을 매우 분명하게 드러내는 것입니다. 버클리는 "존재하는 것, 그것은 지각되는 것이다"라고 말하였습니다. 일부 우리 철학자들(그리고 작가들)에게 존재한다는 것은 텔레비전에서 지각되는 것입니다. 요컨대 존재한다는 것은 기자들에 의해 지각되는 것이고, 이것은 곧 기자들에게 '잘 보임(이것은 타협과 명예롭지 못한 행동을 내포함)'을 뜻합니다. 철학자나 작가가 계속해서 자신의 작품에 의존할 수 없게 된다면, 가능한 한 자주 방송 화면에 나타나는 수밖에 다른 방도가 없다는 것은 사실입니다. 따라서 일정한 시간적 간격을 두고 가능한 한 간단한 책을 쓰는 것이, 질 들뢰즈가 관찰했듯이 텔레비전에의 초대를 보장하는 주요한 기능을 하고 있습니다. 이같이 텔레비전 화면은 오늘날 일종의 나르시스의 거울, 나르시시즘적인 노출의 장소가 된 것입니다.

서두가 조금 길어진 것 같습니다. 그러나 저는 예술가·작가·학자 들 각자가 텔레비전에의 초대를 수락할 것인지 말 것인지, 혹은 조건을 제시하든가 무조건적으로 받아들일 것인가를 선택하는 상황에 처하지 않도록 (가능하면 집단적으로) 명시적으로 질문하기를 바랍니다. 저는 이들이 이 문제를 집단적으로 견지하고, 일종의 계약에 이르도록 전문적 혹은 비전문적 방송인들과 협상을 추진하도록 강력히 원합니다. (우리는 항상 이를 꿈꿀 수 있습니다.) 이것이 방송인들을 비난하거나, 그들과 싸우는 문제가 아님은 당연합니다. 방송인들도 그들에게 강요되는 많은 구속에 고통받고 있습니다. 이것은 정반대로 도구화의 위협을 공동으로 극복하는 방법을 찾는 반성 작업에 그들을 동참시키는 문제입니다.

텔레비전에서 말하는 것에 대해 단순하게 전적으로 거부하는 편견은 옹호할 만한 것이 못 됩니다. 저는 합리적 조건이 가능하다면, 어떤 경우에는 방송 출연에 대해 일종의 '의무'가 있을 수 있다고조차 생각합니다. 올바른 선택을 위하여 텔레비전 도구의 특수성을 고려해야만 할 것입니다. 텔레비전과 함께 이론적으로 모든 사람들에게 도달할 가능성을 제공하는 도구에 대하여 생각해 보아야 합니다. 여기서부터 일련의 선결적인 질문들이 나옵니다. 내가 하는 말이 모든 사람들에게 전달될 것인가? 나의 담론이 그 형식에 의해 모든 사람들에게 이해될 수 있도록 준비되어 있는가? 나의 이야기는 모든 사람들에게 이해될 만한 가치가 있는가? 좀더 나아가 다음과 같은 질문도 할 수 있을 것입니다. 나의 담론이 모든 사람들에게 이해되어야만 하는가? 아마 사회과학에 있어서 특별히 절실한, 모든 연구 경험을 복원하는 연구자와 학자들의 임무가 있습니다. 우리는 자연계나 사회계에서 무엇을 발견하도록 국가에 의해 지불받고, 우리가 얻은 것을 복원하는 의무를 갖는, 후설이 말하는 바 '인류의 공무원들'입니다. 저는 이러한 선결적 질문들의 수락과 거부의 선별을 위해 항상 노력합니다. 그리고 저는 텔레비전 출연을 요청받은 모든 사람들이 이런 질문들을 하고, 이에 대하여 점차 의무를 느끼게 되길 원합니다. 왜냐하면 시청자들과 텔레비전 비평가들이 다음과 같은 질문을 하면서 텔레비전 출연에 대해 정말 할 말이 있는지를 물어보기 때문입니다. 출연자는 무언가를 말할 수 있는 조건에 있는가? 그가 말하는 것은 여기서 들을 만한 가치가 있는 것인가? 한마디로 거기서 그는 무엇을 하는 것인가?

보이지 않는 검열

본질적인 문제로 돌아갑시다. 텔레비전에 접근하는 것은 무서운 검열을 반대급부로 갖는 것입니다. 그것은 자율성의 상실로서, 무엇보다도 주체에 강요되는 커뮤니케이션의 조건입니다. 특히 시간 제한의 조건은 담론에 구속을 주어 무언가를 말할 수 있다는 것이 거의 불가능합니다. 이같은 검열은 출연자뿐만 아니라, 이를 행하는 방송인들에게도 해당됩니다. 사람들은 제가 정치적 측면을 말한다고 생각할 것입니다. 정치적 개입이나 정치적 통제(특히 간부직 임명을 통하여 이루어짐)가 있는 것은 사실입니다. 예비군처럼 많이 확보될 수 있는 반면에, 고용 유지가 매우 불안정한 텔레비전과 라디오 방송인들 사이에 특히 오늘날과 같은 시대에서 정치적 순응주의의 비율이 더욱 큰 것 또한 사실입니다. 질서를 강조할 필요도 없이 사람들은 자기 검열의 의식적, 혹은 무의식적 형식에 순응하고 있습니다.

경제적 검열 또한 생각해 볼 수 있습니다. 최종적으로 텔레비전에 가해지는 것이라고 말할 수 있는 것은 경제적 구속입니다. 이것은 텔레비전에서 일어나는 것이 텔레비전을 소유한 자, 그리고 광고비를 지불하는 광고주, 지원금을 주는 국가에 의하여 결정된다는 것을 말합니다. 그리고 텔레비전 한 채널에서 소유자의 이름, 예산에서 광고주들의 비중이나 지원금의 총액을 모른다면, 우리는 아무것도 이해하지 못할 것입니다. 이 점을 상기하는 것이 중요합니다. NBC는 제너럴 일렉트릭(General Electric)이 그 소유주이고(예를 들어 방송사가 원자로 주변 주민들과의 인터뷰를 감행하리라는 생각은, 아마도 그 어느 누구의 머릿속에서도 떠올리기 힘들 것이라는 사실을 의미한다), CBS는 웨스팅하우스(Westinghouse)가 그 소유주입니다. 그리고 ABC는 디즈니(Disney)가, TF1〔프랑스 제1 상업채널〕은 부이그(Bouygues)가 각각 그 소유주입니다. 이것들이 일련의 모든 개입을 통하여 영향력을 행사한다는 것을 아는 것이 중요합니다. 국가는 부이그가 TF1의 배후에 있다는 것을 알고서 부이그에게 하지 못하는 일들이 있습니다. 그것은 명백하고 가장 기초적인 비판적 시각으로 알 수 있으나, 보이지 않는 메커니즘을 숨기고 있는 매우 조잡하고 투박한 것들입니다.

그런데 이 메커니즘 속에서 모든 질서의 검열이 작동하여 텔레비전을 상징적 질서를 유지하는 무서운 기구로 만드는 것입니다.

　이쯤에서 잠시 멈춰야겠습니다. 사회학적 분석은 종종 오해를 불러옵니다. 분석 대상이 된 사람들, 특히 언론인들의 경우 그들은 메커니즘에 대한 진술과 폭로의 작업이 '사람에 관한' 인신 비난과 공격에 대한 고발 행위라고 생각하는 경향이 있습니다. 예를 들어 이처럼 사회학자가 방송제작에 대해 언론인들과 말할 때, 그가 아는 내용을 수없이 되풀이하여 말하거나 쓴다면, 그의 편견과 객관성 결여는 비난받게 될 것입니다. 일반적으로 사람들은 대상화되고 객관화되어 취급되는 것을 전혀 싫어합니다만, 언론인들은 좀 다릅니다. 그들은 주목받고 목표가 되고 있음을 느낍니다. 이들 세계에 대한 분석을 더할수록 개인들의 책임은 더 면제해 주게 됩니다. 그렇다고 일어나는 모든 일을 정당화하는 것은 아닙니다. 그 세계가 어떻게 돌아가는지 잘 알수록 거기에 참여하는 자들이 조종자인 만큼 조종당하고 있다는 사실 또한 이해하게 됩니다. 그들은 그들 자신이 더 조종당하고, 그 존재를 더 의식하지 못한다는 것조차 매우 잘 조종하고 있습니다. 저는 제가 말하는 것이 비판으로 여겨진다는 것을 알면서도 기어이 이 점을 주장합니다. 이에 대한 반응 또한 저의 분석에 대항하여 그들을 옹호하는 하나의 방식입니다. 저는 몇몇 사회자들의 스캔들과 잘못, 그리고 몇몇 연출자들의 엄청난 봉급에 대한 비난이 본질을 회피하는 데에 기여할 수 있다고까지 생각합니다. 왜냐하면 개인들의 비리란 이런 종류의 '구조적 비리'를 감추기 때문입니다. (그런데 계속 개인의 비리에 관해 말해야만 합니까?) 제가 분석하고자 하는 이 '구조적 비리'는 시장 점유 경쟁의 메커니즘을 통한 전체 구조에 있습니다.

따라서 저는 상징적 폭력이라는 특별히 위험한 형식을 수행하는 텔레비전을 만드는 일련의 메커니즘을 논증해 보여주고 싶습니다. 상징적 폭력은, 그것을 행사하는 사람들과 그것을 당하는 사람들과의 암묵적인 공모로 행해지는 하나의 폭력입니다. 그것은 그들이 폭력을 가하는 것과 당하는 것을 서로 의식하지 못하기 때문에 가능한 것입니다. 사회학은 다른 학문과 같이 감추어진 것을 들추어 내는 기능을 합니다. 이렇게 함으로써 사회학은 사회 관계 속에서, 특히 미디어에 의한 커뮤니케이션 관계에서 작용하는 상징적 폭력을 최소화하는 데 기여할 수 있습니다.

가장 쉬운 예를 들어 봅시다. 피와 섹스, 비극과 범죄 등 사회면 기삿거리들은 항상 선정적 언론이 선호하던 먹이가 되었습니다. 텔레비전의 시청률은 모범적인 신중한 활자매체가 진중한 고민으로 격리하고 쫓아 버린 이 요소들을 뉴스의 맨 앞에 놓이게 합니다. 그런데 이런 일상사들은 또한 다양성을 만드는 기사들입니다. 마술사들은 그들이 하는 일을 눈치채지 못하게 다른 곳에 사람의 관심을 끌도록 하는 기본적인 원리를 가지고 있습니다. 텔레비전의 상징적 행위의 하나는, 예를 들어 뉴스에서 모든 사람들의 관심을 끄는 '옴니버스'의 성격을 갖는 사실들에 주의를 몰아가는 데 있습니다. 널리 편재한 사실들은 아무에게도 영향을 주지 않고, 분리되지 않으며, 합의를 만들고, 중요한 것은 건드리지 않는 방식으로 모든 사람들의 관심을 끕니다. 일상사에 관련된 뉴스, 이 기본적이고 초보적인 산물은 매우 중요합니다. 왜냐하면 그것은 결론을 짓지 않고, 모든 이들의 관심을 끌며, 다른 것을 위해 쓸 수도 있는 귀중한 시간을 빼앗기 때문입니다. 한편 시간은 텔레비전에 있어서 매우 귀중한 것입니다. 만약 매우 보잘것없는 것을 위해 귀중한 몇 분을 사용한다면, 이 보잘것없는 것은 사실상 매우 중요한 것이 됩니다. 왜냐하면 이것이 귀중한 것들을 가리기 때문입니다. 제가 이 점을 주장하는 것은, 한편 어떠한 신문도 읽지 않는 사람들이 상당수 있고, 그들은 유일한 정보 전달 도구로서 텔레비전에 몸과 마음을 다 쏟기 때문입니다. 텔레비전은 상당히 많은 인구의 두뇌 형성에 영향을 미치는 일종의 정보 전달을 독점하고 있습니다. 텔레비전은 다양한 일상사들을 강조하면서, 그리고 텅비고 거의 아무것도 아닌 것들로 귀중한 시간을 때우면서, 시민이 민주적 권리를 행사하기 위하여 가져야 할 적절한 정보들을 멀리하게 만듭니다. 이러한 편견에 의하여 뉴스 분야에서는 두 유형의 사람들이 구분됩니다. 즉 한편으로는 소위 진지한 신문을 읽을 줄 아는 사람들로서, 텔레비전의 위협에 진지함을 보이고 국제 신문과 외국 라디오 방송을 접하는 사람들이 있습니다. 다른 한편으로는 전부 통틀어 텔레비전에 의해 제공된 거의 아무 의미도 없는 잡다한 정치적 정보만 습득하는 사람들이 있습니다. (이들은 문화적으로 가장 빈약한 자들이 이해하는 것들만큼이나 화면에 나타나는 남녀들의 표정과 몸짓으로부터 직접 전달되는 정보 이외의 것은 거의 가지고 있지 않지만, 그것이 이들을 많은 정치 지도자들로부터 멀어지게 하지는 않습니다.)

보여주면서 감추는 텔레비전

지금까지 저는 가장 잘 보이는 것을 강조했습니다. 이제 다소 보이지 않는 것들에 대해 말하고 싶습니다. 즉 텔레비전이 어떻게 이율배반적으로 무엇을 보여주면서 감출 수 있는지 설명하겠습니다. 텔레비전은 만약 검열받은 것을 전해야 한다면, 정작 보여주어야 할 것과는 다른 것을 보여줍니다. 보여주어야 할 것을 보여주지 않거나, 또는 그것을 무의미하게 하는 방식으로 보여줍니다. 혹은 텔레비전은 현실과 전혀 일치하지 않는 의미를 주는 방식으로 다른 것을 구성합니다.

이 점에 관하여 저는 파트릭 샹파뉴의 저술에서 빌려 온 두 가지의 예를 들겠습니다. 《세계의 비참 *La Misère du monde*》에서 샹파뉴는 소위 '교외' 현상을 제공하는 미디어를 소개하였습니다. 그는 직업·세계관·교육·기질에 영향을 미치는 내재적인 성향과 직업적 논리에 의하여, 기자들이 그들 고유의 지각 범주 때문에 어떻게 교외의 삶이라는 특별한 현실 속에서 완전히 특별한 면을 선택하는지를 보여줍니다. 이 지각 범주의 개념, 즉 보는 것과 보지 못하는 것을 결정하는 범주, 다시 말해서 지각을 조직하는 보이지 않는 구조를 설명하기 위해 교수들이 가장 공통적으로 사용하는 은유는 안경이란 은유입니다. 이 지각 범주는 우리의 교육과 역사 등의 산물입니다. 기자들은 특별한 '안경'을 썼는데, 이를 통해 어떤 것들은 보지만 다른 것들은 보지 못합니다. 어떤 특정한 방식대로 그들이 보는 것들만 보는 것입니다. 기자들은 선별의 작업을 하고, 선별된 것을 구성하는 작업을 합니다.

선별의 원칙, 그것은 선정적인 것과 구경거리를 추구하는 것입니다. 텔레비전은 이중적인 의미에서 '극화(劇化)'를 요구합니다. 즉 텔레비전은 사건을 이미지로 연출하고, 그 중요성·심각성과 함께 극적·비극적 성격을 과장합니다. 교외 사람들이 관심을 갖는 문제는 폭동일 것입니다. 이는 벌써 심각한 말입니다. (우리는 말에 관해 같은 연구를 하고 있습니다. 평범한 말로는 '부르주아'도 '민중'도 '놀라게 할 수 없는 것'입니다. 극단적인 말들이 필요합니다. 사실상 이율배반적으로 영상의 세계는 말에 의해 지배되고 있습니다. 사진은 어떻게 읽어야 할지를 설명하는 설명문 없이는 아무것도 아닙니다. '설명문'은 종종 어떤 식으로든지 마음대로 보게 합니다. 명명한다는 것은 보게 하고, 창조하여 존재하도록 만드는 것입니다. 말은 혼란을 가져올 수 있습니다. 이슬람·이슬람적·이슬람주의적 등의 말에서 두건은 이슬람적인 것입니까, 혹은 이슬람주의적인 것입니까? 이것은 단지 여자가 사용하는 세모꼴 숄, '그저 그뿐'입니까? 텔레비전 사회자들은 수많은 시청자들을 이해하지 못하고, 또 이해하지 못한다는 그 사실조차 이해하지 못하고, 그들이 부추기고 유발하는 것들의 문제와 그 심각성·책임성을 전혀 고려하지 않은 채 가볍게 말합니다. 저는 사회자들이 말하는 '말 하나하나'를 따지고 싶습니다. 왜냐하면 이런 말들은 환희·두려움·공포를 느끼게 하거나, 단순히 거짓 표상을 만들기 때문입니다.) 전체적으로 기자들은 예외적인 것, 특히 '그들에게' 예외적인 것에 관심을 갖습니다. 다른 사람들에게는 평범한 것일지라도 그들에게는 특별한 것이 될 수 있고, 그 반대의 경우도 있습니다. 그들은 유별난 것, 평범하지 않은 것, 일상적이지 않은 것에 관심을 갖습니다. 그래서 일간지들이 초일상적인 것들을 일상적으로 제공해야 한다는 것은 쉽지 않은 일입니다. 여기서 기자들은 평범해진 별난 사실들에 접근합니다. 즉 평범한 기대로 예상될 수 있는 화재·홍수·살인 등의 사건사고들입니다. 그러나 역시 특이한 기사란, 특히 다른 신문에 비하여 평범하지 않은 것입니다.

그것은 평범한 것과 다른 것이고, 다른 신문들이 말하는 평범한 것 혹은 평범하게 말하는 것과는 다른 것입니다. '속보'를 찾아야 하는 중압감은 무서운 구속입니다. 기자들은 무엇인가를 먼저 보고 보이게 하기 위하여, 거의 아무 짓이나 할 준비가 되어 있습니다. 그리고 경쟁자들보다 항상 앞에 있거나 그들을 앞지르기 위하여, 혹은 그들과 달리하기 위하여 기자들은 서로 베낍니다. 그리하여 결국 모두 똑같아집니다. 다른 분야에서는 배타성의 추구가 창조성·독자성을 낳는데, 언론에서는 획일화와 평범화를 가져옵니다.

특이한 것에 대한 관심을 갖고 악착스럽게 추구하는 것은 직접적인 정치적 지시만큼, 그리고 배제의 두려움으로 자기 검열을 하는 것만큼이나 정치적 효과를 가질 수 있습니다. 텔레비전 영상의 특별한 힘을 가지고, 기자들은 비교할 수 없는 효과들을 만들어 낼 수 있습니다. 단조롭고 음울한 교외의 일상적 세계는 그 누구의 관심도 끌지 않으며, 기자들은 이에 관심이 더더욱 없습니다. 그런데 기자들이 교외에서 실제로 일어나는 일에 관심을 갖고 진정 이를 보여주기 원한다면, 여하튼 그 일은 매우 어려운 일입니다. 평범함 속에서 현실을 느끼게 하는 것보다 더 힘든 일은 없습니다. 플로베르는 "사소한 것을 잘 묘사해야 한다"고 말하기를 좋아했습니다. 사회학자들이 부딪치는 문제는 바로 이것입니다. 즉 평범한 것을 비범하게 만들고, 평범한 것이 어떤 점에서 특이한 것인지 사람들이 알 수 있는 방식으로 표현하는 문제입니다.

텔레비전의 일반적인 사용에 내재한 정치적 위험들은 문학비평가들이 말하는 바에 따르면, 텔레비전 영상이 '실제 효과'를 자아낼 수 있는 특수성을 갖는다는 사실에 있습니다. 즉 그것은 보이게 하는 것을 보게 하고, 믿게 할 수 있다는 것입니다. 이같은 강신술(降神術)의 힘은 동원(mobilisation)의 효과를 갖습니다. 그것은 사상이나 표상, 그리고 집단을 존속케 할 수 있습니다. 화재·사건·사고 등은, 인종차별과 외국인 혐오 및 외국인 공포와 질시 같은 매우 강하고 종종 부정적인 감정을 터뜨리는 정치적·윤리적 함의를 담을 수 있습니다. 단순한 보고서, 즉 '기록'을 '리포트한다'는 사실은 동원(혹은 동원해제)의 사회적 효과를 실행할 수 있는 현실의 사회적인 구성을 언제나 내포하고 있습니다.

또 하나의 다른 예는, 1986년에 있었던 고등학생들의 데모입니다. 기자들이 그들의 관심과 선입견, 지각과 평가 범주 및 무의식적 기대에 의해, 어떻게 진심으로 순진하게 실제 효과와 실제 속의 효과를 만들어 낼 수 있었는지를 볼 수 있습니다. 그런데 이 효과들이란 어느 누구도 원하지 않은 것이고,

아무튼 재앙적일 수 있다는 것입니다. 기자들은 1968년 5월 혁명을 상기했고, '새로운 68혁명'이 불발한 것을 걱정했습니다. 매우 정치화되지 못한 청소년들은 무엇을 말할지 잘 모릅니다. 한편 기자들은 그들 중 아마 가장 정치화된 대표학생들을 부추기어 그들을 진지하게 대하면, 그들도 진지하게 행동하게 됩니다. 그리고 서서히 기록의 도구가 되기를 바라는 텔레비전은 현실 창조의 도구가 됩니다. 우리는 점차 사회가 텔레비전에 의해 설명되고 지시받는 세계로 향하고 있습니다. 텔레비전은 사회적·정치적 생활에 접하게 될 때에 필요한 중재자가 되었습니다. 제가 오늘 50세에 정년퇴직을 할 권리를 얻기 원한다고 가정해 봅시다. 몇 년 전만 해도 저는 데모를 하였을 것입니다. 플래카드를 들고 시가행진을 하다 교육부에 이르렀을 것입니다. 그러나 오늘날은 (좀 과장해서) 대중적 커뮤니케이션에 능숙한 사람의 자문만 구하면 됩니다. 즉 분장을 하거나 가면을 쓰는 등 약간의 머리를 써서 미디어의 주목을 끌면 됩니다. 그리하여 텔레비전 방송에 의하여 얻는 효과는 5만 명 사람들의 시위 효과에 못지않은 것입니다.

정치적 투쟁이라는 게임의 하나는 일상적 혹은 전세계적 규모의 교환에서 세계관의 원칙을, 그리고 어떤 분류(젊은층과 노인층, 외국인과 자국인)에 따라서 세계를 보는 안경을 강요하는 능력입니다. 이러한 분류를 강요하면서 사람들은 집단을 만듭니다. 이렇게 집단이 동원되면서 집단은 그의 존재를 확인하게 되고, 압력을 행사하고 이익을 얻게 됩니다. 이러한 투쟁에서 오늘날 텔레비전은 결정적인 역할을 합니다. 아직도 텔레비전을 의식하지 않고, 시위하는 것으로 충분하다고 생각하는 사람들은 실패할 위험을 안고 있습니다. 점점 더 텔레비전을 위한 시위, 즉 텔레비전 방송국 사람들의 관심을 끌 만한 성격의 시위를 만들어야 됩니다. 그들의 지각 범주에 맞을 때, 그들에 의하여 시위는 중계되고 증폭되어 최대의 효과를 보게 될 것입니다.

돌고도는 정보

지금까지 저는 모든 이 과정의 주체가 기자인 것처럼 말하였습니다. 그러나 기자란 존재하지 않는 추상적인 실체입니다. 존재하는 것은 성별·연령·교육 수준·신문·'매체'에 따라 서로 다른 기자들입니다. 기자들의 세계란, 갈등과 경쟁과 적대감이 있는 분열된 세계입니다. 제 생각으로는 저널리즘의 산물은 우리가 생각하는 것보다 훨씬 동질적입니다. 그러나 저의 분석은 여전히 옳습니다. 신문들의 정치적 색채(한편 신문들이 점차 이것으로부터 벗어나고 있음)와 관련된 가장 명백한 차이들은 본질적인 유사성을 숨기고 있습니다. 그것은 정보원과 일련의 모든 메커니즘 중 가장 중요한 경쟁의 논리에 의하여 강요된 구속과 관련되어 있다는 것입니다. 사람들은 항상 자유주의적 신조를 갖고 독과점은 획일화시키고, 경쟁은 다양화시킨다고 말합니다. 분명히 저는 경쟁에 대해 전혀 반대하지 않습니다. 그러나 저는 단지 경쟁이 똑같은 구속 요소, 같은 여론조사, 같은 광고주에 종속된 신문들과 혹은 기자들 사이에 이루어질 때 경쟁은 동질화된다고 봅니다. (기자들이 얼마나 쉽게 이 신문에서 저 신문으로 옮겨다니는지를 보면 압니다.) 격주 간격으로 프랑스 주간지들의 표지를 비교해 보십시오. 거의 비슷한 주제들입니다. 마찬가지로 주요 텔레비전 혹은 라디오 채널의 뉴스를 비교해 보면, 단지 뉴스의 목차 순서만 바뀐 것을 알 수 있을 것입니다.

그것은 한편으로는 제작이 집단적으로 이루어진다는 사실에 기인합니다. 예를 들어 영화의 경우, 자막에서 명단을 보여주듯이 영화 작품은 집단적 산물입니다. 그러나 방송 메시지를 만드는 집단은 제작진으로 구성된 집단만으로 환원되지는 않습니다. 그 집단은 기자 전체를 포함합니다. 그래서 우리는 항상 '그러면 누가 담론의 주체인가?'라는 질문을 하게 됩니다. 우리는 우리가 말하는 것에 대한 주체의 존재를 전혀 확신하지 못합니다. 우리는 우리가 생각하는 것보다 훨씬 적게 독창적인 것을 말합니다. 그것은 집단적 구속이 매우 강한, 특히 경쟁의 구속이 강한 세계에서 특별히 적용되는 말입니다. 이 세계에서는 다른 사람이 존재하지 않으면 각자가 하지 못할 일들이 많고, 또 각자는 먼저 자신의 일을 해야 합니다. 한

편, 아무도 기자들만큼 신문을 보지 않습니다. 기자들은 모든 사람들이 모든 신문을 읽는다고 생각하는 경향이 있습니다. (그들은 우선 많은 사람들이 읽지 않고, 단지 읽는 사람만 읽는다는 사실을 망각합니다. 전문직업인이 아니면 같은 날에《르 몽드 *Le Monde*》《피가로 *Le Figaro*》《리베라시옹 *Libération*》을 모두 읽는 사람은 흔치 않습니다.) 기자들에게 신문읽기는 필수불가결한 일이고, 잡지읽기도 작업상 도구가 됩니다. 즉 무언가 말하기 위해서는 다른 사람이 말한 것을 알아보아야 합니다. 이것은 미디어 산물들이 동질성을 갖게 되는 메커니즘들 중 하나입니다. 만약《리베라시옹》이 하나의 사건에 대한 기사를 실으면,《르 몽드》는 무관심하게 있을 수가 없습니다.《르 몽드》는 거리를 두면서 그의 높고 진중한 명성을 지키기 위하여 조금 다른 점을 보여주려고 애씁니다. (하물며 TF1의 경우도 그렇습니다.) 다양한 기자들이 주관적으로 부여하는 약간의 차이점은 많은 유사성을 가리고 있습니다. 편집회의에서는 다른 신문들에 관해서 말하는 데에 상당한 시간을 보냅니다. 특히 '그들이 썼다, 안 썼다'('우리가 그것을 놓쳤다!'), 그리고 그들이 썼기 때문에 토의도 없이 '우리도 써야 했었다'라고 말합니다. 이런 모습은 특히 문학·예술비평이나 영화비평의 경우에 눈에 띄게 나타납니다. 만약 X가《리베라시옹》에서 하나의 책에 대해 말한다면, Y는《르 몽드》나《누벨 옵세르바퇴르 *Nouvel Observateur*》에서 같은 책에 대해 언급하여야 합니다. 이렇게 매체의 중재가 성공적으로 이루어지면, 이것은 가끔(항상은 아니지만) 판매부수와 연관됩니다.

　서로를 비추는 이같은 종류의 거울 게임은 정신적 유폐와 폐쇄의 무서운 효과를 발생시킵니다. 모든 대담에서 증명된 대로 이 상호 독서 효과의 또 다른 예는, 정오 텔레비전 뉴스 프로그램을 만들기 위하여 전날 저녁 8시 뉴스의 제목과 그날 조간 신문을 보아야 하고, 저녁 뉴스의 제목을 뽑기 위하여 조간 신문을 보아야 한다는 것입니다. 이것은 이 직업의 묵시적인 필수조건이 되었습니다. 사정에 밝고 재빠르게 행동하기 위하여, 그리고 좀 다르게 하기 위하여 이용하는 아주 작은 차이점에 기자들은 큰 환희를 느끼고, 시청자들은 이 차이를 완전히 모르는 채 지나갑니다. (이것은 특별히 전형적인 장(場, champ)의 효과입니다. 그들은 경쟁자들을 참고하고, 고객의 욕구에 잘 부응하기 위하여 해야 할 일을 합니다.) 예를 들어 기자들은 그들이 경쟁하고 있다는 것과, 그들이 조그만 차이를 만들기 위하여 많은 노력을 기울이고 있다는 것을 실토하는 방식으로 '사람들은 TF1을 비웃는다'라고 말할 것입니다. '사람들은 TF1을 비웃는다'라는 말은, '그들은 음향을 넣지 못했지만 우리는 넣었다'라는 식으로 자신들은 다르다는 것을 의미합니다. 보통 시청자가 여러 채널을 동시에 보아야만 알 수 있고 일반적으로 완전히 의식하지 못한 채 지나치게 되는, 절대적으로 알 수 없는 차이들은 제작자의 시각에서 볼 때 매우 중요합니다. 왜냐하면 그 차이는 의식을 지배하는 이 세계의 숨은 신, 즉 시청률 상승에 기여하고, 시청률이 조금이라도 떨어지는 것은 어떤 경우에는 한마디로 죽음을 의미합니다. 이것은 방송 내용과 예상된 그 효과 사이의 관계에 대한, 제 생각으로는 잘못된 방정식일 뿐입니다.

텔레비전에서 결정되는 선택들은 일종의 주체 없는 선택들입니다. 좀 지나친 표현일 수도 있는 이 명제를 설명하기 위하여, 제가 간단히 암시하고 있는 돌고도는 메커니즘의 효과들을 설명하겠습니다. 기자들은 요컨대 많은 공통적인 속성과 조건, 그리고 출신 배경 및 교육 배경을 가지고 있어서 서로의 생각을 잘 알며, 감정도 읽을 수 읽고, 토론장에서도 항상 똑같은 기자들끼리 끊임없이 서로 만납니다. 이같은 사실은 폐쇄의 효과를 갖습니다. 그래서 중앙집권적 관료제와 정치적 개입이 보여주는 효과적인 검열만큼, 아니 그 원리가 보이지 않는다는 점에서 더욱 효과적인 '검열'에 대해 주저하지 않고 말하지 않을 수 없습니다. (이같은 정보 악순환의 폐쇄적 힘을 가

늠하기 위하여, 알제리의 상황이나 프랑스 내 외국인의 지위 등에 관한 프로그램 속에 없는 정보를 대중들에게 유포시키기 위해 노력하는 것으로 충분합니다. 기자회견이나 공식성명 발표는 아무런 소용이 없습니다. 분석은 따분한 것으로 여겨집니다. 이것을 팔 수 있는 유명한 사람의 이름이 없으면 이를 뉴스에 넣기란 불가능합니다. 이같은 정보 순환을 깨뜨리기 위하여 불법침입을 해야 하는데, 이것 역시 미디어적일 수밖에 없습니다. 적어도 한 개의 미디어어가 경쟁의 효과로 흥미를 끌도록 '히트'를 쳐야 합니다.)

좀 순박한 질문처럼 보이지만, 우리에게 정보를 주는 사람들은 어떻게 정보를 받는지 질문해 본다면, 일반적으로 그들은 다른 사람들로부터 정보를 받는 것 같습니다. 물론 AFP·통신사·공기관(각 부처·경찰서 등) 들이 있어서 기자들은 이들과 매우 복잡한 교환 관계를 유지하고 있습니다. 그러나 정보의 가장 결정적인 부분, 즉 중요한 것을 결정하고 전달할 만한 가치가 있는 '정보 중의 정보'는 대부분 다른 정보원으로부터 옵니다. 이것이 정보의 중요도를 균등화·동질화시킵니다. 저는 한 프로그램의 제작국장과 대화를 가진 적이 있습니다. 그는 명백한 확신에 차 있었는데, 저는 그에게 물었습니다. "왜 당신은 이것을 맨 앞에 놓고, 저것은 두번째에 놓으십니까?" 그는 "그것은 자명하니까요"라고 대답하였습니다. 아마도 이런 점이 그를 그 자리에 있게 한 것 같았습니다. 왜냐하면 그의 지각 범주는 객관적 요건에 적합한 것이었기 때문입니다. (그의 말을 들으면서 저는 고다르가 한 말을 생각하지 않을 수 없었습니다. "베르뇌유는 결국 FR3〔프랑스 제3채널〕의 부장과 비교해 보면 집시이다.") 물론 언론계 내부에서의 다양한 지위에 속해 있는 기자들은 자명한 것을 서로 다르게 자명한 것으로 봅니다. 시청률을 의식하는 책임자들은 '전혀 흥미없는' 주제나 제안하는 다른 작은 기자들과는 달리 확실한 느낌을 갖고 있습니다. 우리는 기자들의 세계를 모두 균질적인 것처럼 표현할 수는 없습니다. 시청률의 압력에 굴복한 공통점을 갖고 있는 사람들과, 시청률의 하수인에 불과한 간부들 사이에 돌고도는 정보의 (악)순환이 가져오는 이 거대한 동질적 정보의 그릇에서 작은 차이들을 나타내려고 절망적으로 싸우는 작은 기자, 젊은 기자, 반항적인 기자, 끈덕진 기자 들이 있습니다.

여러 방송사들이 시청률 조사에 덕을 보고 있습니다. 현재 방송사들이 15분마다 시청률을 조사해 볼 수 있는 기구들이 있습니다. (더욱이 최근에는 사회 범주별 변수들을 볼 수 있는 기술적 완성에 도달하였습니다.) 그래서 실제 일어나는 것과 일어나지 않는 것에 대해 정확히 알게 되었습니다. 이같은 측정은 방송인들의 최후의 심판이 되었습니다. 가장 자율적인 언론, 아마 《르 카나르 앙쉐네 *Le Canard enchaîné*》《르 몽드 디 플로마티크 *Le Monde diplomatique*》지를 제외하고, 관대하고 '무 책임한' 사람들에 의해 고무된 몇몇 전위적 소잡지에까지, 현 재 시청률은 모든 사람들의 머릿속을 장악하고 있습니다. 오 늘날 제작편집실·출판사 등에는 '시청률 정신'이 있습니다. 어 디서나 사람들은 상업적 성공의 측면에서 생각합니다. 19세기 중반 이후, 플로베르와 보들레르 이후 약 30여 년 동안 작가 를 위한 작가, 작가에 의해 인정된 작가들, 혹은 예술가에 의 해 인정된 예술가들은 갑작스런 상업적 성공을 의심하였습니 다. 그들은 그것을 시대와 돈 등과 야합한 징후로 보았습니다. 그런데 오늘날 시장(市場)은 더욱더 정당화의 정당한 심급으로 서 인정되고 있습니다. 이같은 최근의 심급은 '베스트 셀러' 리 스트입니다. 저는 오늘 아침 라디오 진행자가 최근의 '베스트 셀러'에 대해 박식한 것처럼 평하는 것을 들었습니다. 그는 "올 해에는 철학이 유행입니다. 《소피의 세계》가 80만 부나 팔렸습 니다"라고 말하였습니다. 그는 절대적인 판결처럼, 마치 최후 의 심판처럼, 판매부수의 판정을 내렸습니다. 시청률과 같이 문 화 생산을 지배하는 것은 상업적 논리입니다. 그런데 모든 문 화 생산을 역사적으로 알아본다는 것은 중요합니다. 저 혼자만 그렇게 생각하는 것은 아닐 터입니다. 상당수의 사람들이 인류의 가장 고결한 생산물로서 수학·시·문학·철학을 생각하고 있는데, 이 모든 것들은 시청률과 같은 것, 상업적 논리에 대항하여 생산된 것이었습니다. 전위적 편집인과 학술제도에까지 이 시청률 지상주의가 도입되는 것은 매우 걱정스런 일입니다. 왜냐하면 그것은 불가사의한 작품 생산의 조건마저 문제삼으며, 대중의 기대보다 앞서려 하지 않고, 결국은 그에 맞는 대중을 만들어 낼 위험이 있기 때문입니다.

긴급성과 신속한 사고

　텔레비전에서 시청률은 완전히 특별한 효과를 나타냅니다. 그것은 긴급성의 압력으로 전환됩니다. 신문들간의 경쟁, 신문과 텔레비전의 경쟁, 텔레비전들간의 경쟁은 일등이 되기 위하여 '속보'를 얻기 위한 일시적 경쟁의 형태를 띱니다. 예를 들면 기자들과 가진 수차례의 인터뷰가 담긴 책에서 알랭 아카르도는, 어떤 텔레비전 기자들이 홍수를 '취재했기' 때문에 다른 텔레비전 기자들은 조금 다른 것을 보여주려고 노력하면서 이 홍수를 '취재하게' 된다고 말합니다. 간단히 말해서 시청자들에게 강요되는 대상들은 제작자들에게 강요된 것이고, 제작자들에게 강요된 대상들은 다른 제작자들과의 경쟁에 의하여 강요된 것입니다. 기자들이 서로서로에게 주는 이 같은 종류의 교차된 압력은, 선택·부재·참여에 의한 일련의 모든 결과에서 발생합니다.

시작하면서 저는 텔레비전이 사고(思考)의 표현에 매우 적합하지 않다고 말했습니다. 저는 긴급성과 사고의 사이에 부정적인 관계를 설정하였습니다. 그것은 철학적 담론의 낡은 주제입니다. 그것은 여유 있는 철학자와 긴급하게 형성되는 공중의 장소 '아고라(agora)'에 모이는 사람들 사이에 플라톤이 설정한 대립입니다. 그는 거의 긴급한 상태에서는 생각할 수 없다고 말하였습니다. 그것은 솔직히 귀족주의적인 발상입니다. 즉 자신의 특권에 대해서는 문제삼지 않는 여유 있는 특권자의 시각입니다. 그러나 여기는 이것을 토론할 장소가 아닙니다. 확실한 것은 사고와 시간 사이에 관계가 있다는 것입니다. 텔레비전이 제기하는 주요 문제들 중 하나는 사고와 속도 간의 관계에 대한 문제입니다. 과연 신속하게 사고할 수 있을까요? 빠른 속도로 사고하는 사람들에게 발언권을 주는 텔레비전은, 결국 '신속한 두뇌들(fast-thinkers)'만 요구한다는 비난을 받아야 하지 않겠습니까?

왜 그들이 이렇게 완전히 특별한 조건에서 대답할 수 있는지, 그리고 왜 아무도 생각할 수 없는 조건 속에서 사고를 할 수 있는지 사실상 반문해 보아야 합니다. 그 대답은 그들이 '통념(idées reçues)'에 의해 사고하기 때문입니다. 플로베르가 말하는 '통념'이란 모든 사람들에 의해 받아들여진 관념이며, 통속적이고 적당하고 공통적인 관념입니다. 그러나 여러분이 이를 받아들일 때는 이미 받아들여진 관념이고, 그 결과 수용의 문제는 거론되지 않는 관념이기도 합니다. 그런데 담론이나 책 혹은 텔레비전 내용의 경우, 커뮤니케이션의 주요한 문제는 수용의 조건이 갖추어져 있는지, 즉 수용자가 제가 말하고 있는 것을 이해하기 위한 코드를 가지고 있는지를 알아보는 것입니다. 여러분이 '통념'을 말한다면, 이미 이해된 것이므로 문제는 해결된 것입니다. 커뮤니케이션이 즉각적으로 이루어지는 이유는, 어떤 의미로는 커뮤니케이션이 아니기 때문입니다. 혹은 겉으로만 그런 것입니다. 일반적 논리의 교환은 커뮤니케이션, 그 사실 이외에 다른 내용이 없는 커뮤니케이션입니다. 일상적 대화에서 큰 역할을 하는 '일반적인 논리'는 모든 사람들이 받아들이고, 또 즉각적으로 받아들인다는 효력을 갖고 있습니다. 그 논리의 통속성은 발화자나 청화자 모두에게 공통적이기 때문입니다. 이와는 반대로 사고는 정의상 전복적입니다. 사고는 '통념'을 명시하는 것으로부터 시작해야 합니다. 그런 다음 계속해서 그것을 논증해 보여주어야 합니다. 데카르트가 논증에 대하여 말할 때, 그는 긴 논리의 사슬에 대해 말합니다. 그것은 시간이 걸리는 일입니다. 그것은 '따라서' '결과적으로' '말하자면' '……라고 가정한다면' 등에 의해 일련의 명제들을 사슬과 같이 엮어 가야 하는 일입니다. 이같이 '생각하는' 사고의 배열은 내재적으로 시간과 연관되어 있습니다.

텔레비전이 문화적 '패스트 푸드' 다시 말해서 기성적 사고로 쉽게 만든 문화적 양식을 제안하는 상당한 수의 '신속한 두뇌들'을 잘 활용하는 것은(이것 역시 긴급성에 따른 것이고), 단지 그들이 항상 같은 명함(러시아에는 ××씨, 독일에는 ××씨 등)을 가지고 있기 때문은 아닙니다. 미디어는 뭔가 할 말이 있을 사람들을 찾을 필요가 없는 능변가들이나, 흔히 아직 잘 알려지지 않고 미디어에 잘 노출되지 않은 젊은이들을 찾아야만 합니다. 기사와 인터뷰의 대상이 될 수 있는 미디어에 익숙한 사람들은 항상 주위에 많습니다. 그러나 아무도 생각할 수 없는 조건 속에서 '사고'할 수 있는 특별한 유형의 생각하는 사람이 되어야 합니다.

진짜 같은 가짜 토론,
혹은 진짜로 가짜인 토론

이제 토론에 대해서 말해야겠습니다. 이 점에 관해서 저는 빨리 말할 수 있는데, 그 이유는 예를 들기가 더 쉽기 때문입니다. 먼저 누구나 쉽게 곧 알게 될 진짜 같은 가짜 토론이 있습니다. 여러분이 텔레비전에서 보는 알랭 밍크와 아탈리, 알랭 밍크와 소르망, 페리와 핑켈크로트, 쥘리아르와 임베르 등은 서로 친구들입니다. (미국에는 이 대학 저 대학 옮겨다니면서 이런 유형의 대결을 하여 생계를 꾸려 가는 사람들이 있습니다.) 이들은 점심과 저녁을 함께하는 서로 잘 아는 사이입니다. (올해 쇠이유 출판사에서 발간된 자크 쥘리아르의 산문 《바보들의 해 *L'Année des dupes*》를 보면, 이런 일이 어떻게 벌어지는지 알게 될 것입니다.) 예를 들면 뒤랑이 사회를 보는 프로그램에는 ──제가 자세히 쳐다보았는데── 아탈리·사르코지·밍크

등, 이들 모두가 출연했습니다. 그런데 어떤 순간에 아탈리가 사르코지와 말하면서 "니콜라…… 사르코지"라고 말하였습니다. 이름을 부른 후 잠깐 멈칫거리다 성을 불렀습니다. 반말로 이름을 부르고 머뭇거렸을 때, 사람들은 그들이 서로 잘 알고 있는 친구 사이라는 것을 알아차렸을 것입니다. 그런데 겉으로는 이 두 사람은 대립되는 적수입니다. 여기에는 이런 것을 눈치채지 못하게 하는 작은 음모가 있습니다. 사실상 고정 출연자들의 세계는 지속적인 자기 강화의 논리 속에서 작동하는 상호 인지의 닫힌 세계입니다. (크리스틴 옥크랑이 사회를 보는 세르주 쥘리와 필립 알렉상드르 간의 토론, 혹은 이 토론의 응축판인 인형극에 의한 풍자는 이런 관점에서 볼 때 좋은 예가 됩니다.) 이들은 정말 편의대로 대립되게 배치됩니다. 예를 들면 줄리아르와 임베르는 각각 좌파와 우파를 대변하게끔 결정됩니다. 함부로 말하는 사람에 대해 카바일족은 "그는 나를 동쪽에서 서쪽으로 옮겨 놓았다"라고 말합니다. 출연자들을 우파에서 좌파로 배치하는 사람들이 바로 방송인들입니다. 공중은 이런 음모를 의식하고 있을까요? 확실치 않으나 그렇다고 합시다. 그것은 파리주의(parisianisme)에 대한 파시스트적인 비판처럼 파리에 대한 전적인 거부의 형태로 표현됩니다. '이 모두가 파리 시민들의 이야기이다'라는 비판은, 11월의 사건이 있을 때마다 수차례 표현되었습니다. 그들은 무언가 있다는 것을 잘 감지하나, 어떤 점에서 이 세계가 그들에게 닫혀 있고, 그들의 문제와 그들의 존재 자체에 대해서도 닫혀 있는지 모릅니다.

겉으로 보기에 진짜와 같은, 가짜로 진실된 토론들도 있습니다. 저는 이것을 간단히 살펴보겠습니다. 저는 11월 파업 기간 동안에 카바다가 주재한 토론을 선택했습니다. 왜냐하면 이 토론은 민주적 토론의 모든 외양과, 이성적으로 추론할 수 있는 점들을 갖추고 있기 때문입니다. 그런데 이 토론에서 벌어지는 일들을 주시해 본다면(더 감추어진 곳을 더 잘 보이기 위해 지금까지 제가 해왔던 것처럼 저는 이 작업을 진행할 것입니다), 일련의 검열이 있음을 알게 됩니다.

첫번째 수준은 사회자의 역할에 관한 것입니다. 그 사회자는 항상 시청자들을 놀라게 합니다. 시청자들은 그가 강제적으로 개입하는 것을 잘 압니다. 주제를 정하는 것도 사회자이고, 문제제기를 하는 것도 사회자입니다. ('엘리트들을 모두 화형시켜야 하는가?'라는 뒤랑의 토론과 같이 종종 주제가 터무니없어서 모든 대답은 똑같이 '예' 아니면 '아니오'가 됩니다.) 사회자는 토론의 규칙을 준수할 것을 강요합니다. 가변기하학의 규칙처럼 이 규칙은 일정한 것이 아닙니다. 노동조합원의 경우와 학술원의 페이르피트 씨의 경우는 서로 다릅니다. 사회자는 발언권을 배분하고, 중요한 신호들을 보냅니다. 어떤 사회학자들은 언어 커뮤니케이션의 비언어적 함의를 찾으려고 노력합니다. 사람들은 언어만큼이나 시선·침묵·몸짓·흉내·눈동자의 움직임 등으로 말합니다. 그리고 역시 억양이나 그외 모든 것들을 동원하여 표현합니다. 따라서 사람들은 통제할 수 없을 정도로 많은 것들을 전달합니다. (이것은 나르시스의 거울의 열광자들을 불안케 할 것 같습니다.) 표현에는 여러 가지 수준이 있습니다. 그것은 단지 말의 수준에 국한되지 않습니다. 만약 음성학적 수준에서 통제한다면 구문법적 수준을 통제할 수 없습니다. 그 역도 마찬가지입니다. 아무리 전문가라고 해도 사회를 보지 않고서는 이 모든 것을 다 통제할 수가 없습니다. 사회자 자신도 무의식적인 언어와 질문하는 방식·어조 등으로 토론에 개입합니다. 사회자는 다음과 같이 퉁명스런 어조로 말합니다. "대답하세요, 당신은 제 질문에 대답하지 않았습니다." 혹은 "당신의 대답을 기다립니다. 파업에 대해 다시 말씀해 주시겠습니까?" 다른 의미심장한 예로서, 여러 가지 '감사하다'는 표현 방식이 있습니다. '감사합니다'는 '고맙습니다, 감사드립니다, 당신의 말씀 고맙습니다'를 의미할 수 있습니다. 그러나 귀찮은 것을 잊어버리자는 의미로 감사하다는 말을 하는 방식도 있습니다. 여기서 '감사합니다'는 '좋습니다, 끝났습니다. 다음으로 넘어갑시다'를 의미합니다. 이 모두는 아주 작은 방식으로, 아주 작은 어조로, 그러나 대화자가 타격을 입는 방식으로 표현됩니다. 그는 명백한 구문론과 감추어진 구문론의 의미를 둘 다 받고, 수단을 잃을 수 있습니다.

사회자는 발언 시간을 배분하고, 존경 혹은 경멸, 여유 혹은 조급함의 의미를 담은 어조를 배분합니다. 예를 들어 '우, 우, 우……' 하는 반응은 중압감을 주며, 대화자가 조급함이나 무관심을 느끼게 하는 태도입니다. (우리가 나누는 대화에서 사람들에게 동의의 신호, 관심의 신호를 다시 보내는 것이 매우 중요하다는 것을 압니다. 그렇지 않으면 그들은 의기소침해지고 점차 발언도 줄어듭니다. 그들은 '예, 예'라는 작은 호응이나 고개의 끄덕거림 등, 말하자면 조그만 인지의 신호를 기대합니다.) 사회자는 이런 지각할 수 없는 신호들을 더 무의식적인 방식으로 조정합니다. 교양을 좀 갖춘 독학자의 경우 문화적 위대함에 대한 존경심이 그로 하여금 학술회원, 즉 존경받을 만한 분명한 자격을 갖춘 사람들을 존경하도록 합니다. 사회자의 다른 전략은 긴급함을 조장하는 것입니다. 그는 발언을 끊거나 계속하게 하고, 개입하기 위하여 시간·긴급함·시계를 이용합니다. 그리고 또 다른 의존 방식이 있습니다. 그는 모든 사회자들처럼 공중의 대변인인 척합니다. "잠깐 중단시키겠는데요, 우리는 당신이 말하는 바를 이해하지 못합니다." 그는 자신이 아둔하다는 것을 이해하지 못하고, 결국 기본적으로 시청자들이 바보라서 이해하지 못한다는 것을 말하려 합니다. 그는 지적인 담화를 중단시키기 위하여 '바보들'의 대변인 역할을 합니다. 사실상 제가 증명할 수 있었던 바와 같이, 이 검열자의 역할을 하기 위해 사회자가 구실삼는 사람들은 종종 말의 중단으로 인해 화를 냅니다.

2시간의 방송에서 토론 도중에 끼어든 시간까지 모두 다 합해 보아야 CGT(노동총연맹)의 대표는 정확히 5분 동안 말했다는 결과도 있습니다. (그런데 모든 사람들은 CGT가 없었다면 파업도 없고, 방송 등도 없었을 것이라고 생각합니다.) 형식적으로 평등하지 않은 모든 이들이 대우받는 것처럼 보이는데, 이 것은 왜 카바다의 방송이 의미가 있는지를 말해 줍니다.

민주주의의 관점에서 확실히 중요한 문제가 하나 있습니다. 스튜디오 위에 올라온 모든 화자들이 평등하지 않다는 것은 분명합니다. 스튜디오의 전문가들, 다시 말해서 이야기 전문가들 앞에 아마추어들(장작불 주변에서 오가는 파업자들일 수 있음)이 있다는 사실은 엄청난 불평등 관계를 나타냅니다. 조금이나마 평등을 기하기 위하여, 사회자는 불평등한 상태에 놓여져야 합니다. 말하자면 사회자는 상대적으로 권한을 가장 많이 박탈당한 자가 되어야 합니다. 마치 《세계의 비참》이란 책을 위해서 수행된 조사 작업에서 보여진 저희 연구팀의 자세와 같이 말입니다. 언변의 전문가가 아닌 사람이 말하게 될 때는(그는 장시간 발언권을 갖는 사람들조차도 생각지 못하는 엄청난 것들에 대하여 자주 말을 하곤 합니다) 말하는 연습 작업을 해야 합니다. 제가 방금 말한 것을 좀 고상하게 말하자면, 그것은 영광스럽게도 소크라테스적인 임무입니다. 그것은 중요한 말을 하는 사람에게 봉사하는 것인데, 그가 표현하도록 도우면서 그가 말하는 것과 생각하는 것을 알고 싶어하는 것입니다. 그런데 사회자들은 그렇게 하지 않습니다. 사회자들은 불리한 자들을 돕지 않을 뿐더러 그들의 입지를 더 약화시킵니다. 갖가지 방법으로 좋은 시점에 발언권을 주지 않고, 더이상 원하지 않는 순간에 발언 기회를 주면서, 그리고 그들의 성급함 등을 나타내면서 그들을 불리하게 만듭니다.

그러나 이것은 아직 현상적인 수준을 말하는 것입니다. 이제 스튜디오의 구성 내용이라는 두번째 수준을 말해야 합니다. 그것은 결정적인 단계입니다. 이것은 보이지 않는 작업이며, 스튜디오 작업 자체는 그 결과입니다. 예를 들어 초대 섭

외라는 전체적인 선결 작업이 있습니다. 초대를 고려하지 않은 사람들이 있고, 초대한 사람들이 있으며, 초대를 거부한 사람들이 있습니다. 스튜디오는 이렇게 지각되는 것이 지각되지 않는 것을 감추는 곳입니다. 구성된 지각 속에서는, 사람들은 구성의 사회적 조건들을 보지 못합니다. 따라서 사람들은 "어, 아무개가 없는데"라고 말하지 않습니다. 이러한 수많은 조작적 작업들 중에서 하나의 예를 들겠습니다. 파업 기간 동안 〈자정의 모임 *Cercles de minuit*〉이란 프로그램은, 두 차례 연속적으로 지식인과 파업에 관해 다루었습니다. 여기서 지식인은 대략 두 진영으로 나누어졌습니다. 첫번째 방송에서는, 파업에 동조하지 않는 지식인들은 결국 우파적인 인물로 보여졌습니다. 두번째 후속 방송에서는 스튜디오의 구성 내용을 바꾸고, 좀더 우파적인 인물들을 추가시키고, 파업에 동조하는 사람들은 포함시키지 않았습니다. 이것은 첫번째 방송에서 우파적인 사람들을 좌파적 사람들로 만들었습니다. 우파와 좌파는 원래 상대적인 개념입니다. 따라서 이 경우, 스튜디오 구성 내용의 변화는 메시지의 의미 변화를 가져온 것입니다.

스튜디오의 구성 내용은 중요합니다. 왜냐하면 그것은 민주주의적 형평의 이미지를 주어야 하기 때문입니다. (그 한계는 〈얼굴을 마주 보며 *Face à face*〉라는 프로에서 보여주듯이 '선생님, 당신은 주어진 30초를 다 썼습니다'라고 구속하는 것입니다.)
프로그램은 형평성을 과시하고, 사회자는 심판관처럼 행동합니다. 카바다의 프로그램에서는 두 범주의 사람들이 출연하는데, 한편은 파업에 개입한 자·파업자·동조자 들이고, 다른 한편은 역시 파업에 동조하는 자들이지만 실제로 방관자의 위치에 머무르는 사람들입니다. 한편은 '따지기' 위해(왜 당신은 그렇게 하는가, 왜 당신은 사용자들을 방해합니까? 등) 나온 사람들이고, 다른 한편은 '해명'하기 위해, '메타 담론'을 펼치기 위해 나온 사람들입니다.

보이진 않으나 완전히 결정적인 다른 요인이 있습니다. 사전 교섭을 받은 출연자들과의 예비 대담에 의해 준비하는 형식은, 이 초대자들이 은근히 따라야 하는 일종의 다소 엄격한 각본이 될 수 있습니다. (어떤 경우에는 이런 준비가 게임과 같이 준(準)리허설의 형식을 가질 수 있습니다.) 이렇게 사전에 준비된 각본에는 자유롭고 구속이 없는 매우 모험적인 말, 나아가 사회자나 방송에 위험한 말을 즉흥적으로 할 여지가 없습니다.

이 토론의 공간에서 보이지 않는 또 다른 속성은, 철학자가 말하는 것처럼 언어놀이 자체의 논리입니다. 그리고 이런 놀이가 진행되기 위해서 놀이의 암묵적인 규칙들이 있습니다.

각각의 사회 공간에는 어떤 것은 말할 수 있고, 어떤 것은 금지되어 있는 식의 구조를 갖는 담론이 통용됩니다. 이 언어놀이의 첫번째 암묵적 가정은 잡기(catch)의 모델에 따라 고안된 민주적 토론인데, 여기에는 선한 것과 난폭한 것 등의 대결들이 있습니다. 그리고 동시에 모든 공격이 허용되지 않습니다. 공격은 형식적 언어의 논리 안에서 이루어져야 합니다. 공간의 다른 속성은 제가 아까 말한 전문가들 사이의 공모입니다. 제가 '신속한 두뇌들'이라고 부르는 사람들은 일회용 사고의 전문가들이며, 방송인들은 그들을 '단골 손님들'이라고 부릅니다. 그들은 안심하고 초대할 수 있는 자들이며, 타협적인 사람들이고, 어려움을 만들지 않으며, 말썽을 피우지 않고, 아무 문제 없이 말을 많이 하는 사람들입니다. 이 토론 공간은 물속의 물고기 같은 좋은 손님들이 있는가 하면, 물 밖에 나온 물고기 같은 손님들이 있는 세계입니다. 그 다음 마지막으로 보이지 않는 것은 사회자의 무의식입니다. 저는 심지어 저에게 매우 호의를 보이는 기자들 앞에서도 질문을 문제삼는 것으로 자주 저의 대답을 시작해야만 하였습니다. 기자들은 그들의 안경을 쓰고, 그들의 사고 범주를 갖고 전혀 상관 없는 질문을 합니다. 예를 들면 교외 사람들의 문제에 대해 기자들은 제가 아까 언급한 모든 환상을 머릿속에 지니고 있어서, 저는 대답하기 전에 점잖게 "당신의 질문은 흥미롭습니다만, 아마도 다른 더 중요한 질문이 있을 것 같습니다"라고 말해야 합니다. 이렇게 전혀 준비가 되지 않은 기자 앞에서는 질문하지 않은 질문에 대답을 하게 됩니다.

모순과 긴장

　　텔레비전은 매우 자율적이지 못한 커뮤니케이션의 도구입니다. 이 커뮤니케이션에는 일련의 제한들이 가해집니다. 그것들은 기자들 사이에 사회적 관계들, 다시 말해서 불합리적일 정도로 인정사정없는 격렬한 '경쟁 관계들'이며, 객관적 음모의 '공모 관계들'이기도 합니다. 이 관계들은 상징 생산의 장 속에서의 그들의 위치에 연결된 공통적 이익을 기반으로 하여 사회적 출신, 교육(혹은 비교육)과 연관된 인지의 구조 및 지각·평가의 범주를 공통적으로 갖고 있다는 사실 위에 기초합니다. 겉으로는 자유로운 커뮤니케이션의 도구처럼 보이는 텔레비전은 사실상 구속되어 있습니다. 60년대에 텔레비전이 새로운 현상처럼 나타났을 때, 상당수의 '사회학자들'은 (많은 인용을 하면서) 텔레비전이 '대중 커뮤니케이션의 수단'으로서 '집단을 이루게' 할 것이라고 성급하게 말했습니다. 텔레비전은 모든 시청자들을 점차 평준화하고 동질화한다고 여겨졌습니다. 사실상 그것은 사람들의 저항의 능력을 과소평가한 것이었습니다. 특히 텔레비전은 텔레비전을 만드는 사람들, 더 일반적으로 기자와 문화 생산자 전체의(그들 중 일부에게 텔레비전은 거부할 수 없는 매혹적인 영향을 줌) 변화시키는 능력을 과소평가한 것이었습니다. 예견하기 힘들었던 가장 중요한 현상은, 과학적 혹은 예술적 활동을 포함한 문화 생산 활동 전체에 대한 텔레비전 영향력의 엄청난 확장입니다. 오늘날 텔레비전은 모든 문화 생산의 세계와 관련된 모순을 극단적인 한계까지 이끌고 갑니다. 저는 경제적·사회적 조건들 간의 모순에 대하여 말하고 싶습니다. 어떤 유형의 작품(저는 수학의 예를 들었는데, 왜냐하면 그것이 가장 명백하기 때문입니다. 그러나 전위적 시·철학·사회학 등도 역시 마찬가지입니다), 소위 '순수한'(이것은 우스운 말입니다) 작품, 말하자면 상업적 제한 등과 관련해서 자율적인 작품들을 생산할 수 있기 위하여 이 조건들에 놓여져야 합니다. 다른 한편으로 저는 이 조건들 속에서 획득된 산물이 전달되는 사회적 조건, 즉 전위적 수학·전위적 시 등을 할 수 있는 조건들간의 모순에 대하여, 그리고 이런 것들을 모든 사람들에게 전할 수 있는 조건들에 대하여 말하고 싶습니다. 텔레비전은 이 모순을 극단적으로 지니고 있습니다. 텔레비전은 다른 모든 문화 생산계보다 시청률을 매개로 한 더 큰 상업적 압력을 받고 있습니다.

동시에 이 소우주 같은 저널리즘 세계에서는, 상업성·수요·간부들에 대항하여 자율과 자유의 가치를 옹호하는 사람들과, 이것들의 불가피성에 굴복하여 보상받는 사람들 사이의 긴장은 매우 큽니다. 이 긴장은 적어도 화면에서는 표현되지 않는데, 왜냐하면 조건이 매우 좋지 않기 때문입니다. 예를 들어 저는 특별히 눈에 띄고 순응적이어서 충분히 보수를 받고 돈방석에 올라앉은 스타들과, 뉴스와 르포를 위해 열심히 일하는 보이지 않는 일꾼들을 대조하여 생각합니다. 이 일꾼들은 점점 더 비판적으로 되어가는데, 왜냐하면 직업 시장의 논리에 따라 더 일할수록 점점 더 발로 뛰어야 하고, 더 무의미한 일들에 자신들이 소모되는 것을 알게 되기 때문입니다. 마이크와 카메라 뒤에는 60년대 사람들과 비교할 수 없을 정도로 더 교육받은 사람들이 많습니다. 달리 말하자면, 일부 야심 많은 사람들은 기대만큼 적응하기도 하지만, 일반적으로 직업이 요구하는 것과 저널리즘 학교나 대학에서 가진 포부 사이의 긴장은 점점 더 커진다는 것입니다. 최근에 한 기자는 40대의 위기(40세에 이 직업이 자신이 생각했던 직업이 전혀 아니라는 것을 깨닫는다)가 30대의 위기가 되었다고 말했습니다. 사람들은 점차 직업의 가혹한 불가피성과, 시청률 등과 연관된 모든 제한들을 알게 됩니다. 저널리즘 직업은 불안정하고 불만족스러우며, 반발적이거나 냉소적으로 분개하는 사람들을 가장 많이 보게 되는 직업 중 하나입니다. 그리고 공통적으로 (특히 분명히 피지배자 편에 서서) 화를 잘 내며, '남과 다르게' 살아가길 요구하고, 노동의 현실 앞에 혐오감과 낙담을 표현하는 직업입니다. 그러나 우리는 이 분함 혹은 거부가 진정한 개인적, 특히 집단적 형식을 취할 수 있는 상황과는 동떨어져 있습니다.

제가 말한 모든 것을 이해하기 위하여, 그리고 저의 모든 노력에도 불구하고 제가 사회자와 기자의 개인적 책임으로 전가하는 것으로만 생각할 수 있으므로, 전체 메커니즘의 수준과 구조의 수준으로 넘어가야겠습니다. 플라톤(오늘 저는 그를 많이 인용하였습니다)은, 우리가 신의 인형들이라고 말했습니다. 사회행위자는 겉으로는 자유를 갖고 자율적이며 가끔 비범한 아우라를 갖는 것처럼 보이지만(텔레비전의 뉴스를 읽는 것으로 족합니다), 텔레비전은 사회행위자들이 필연성과 구조의 인형들이라는 인상을 주는 세계입니다. 이제 그 내용을 설명하고 결론을 지어 세상에 밝혀야 합니다.

II

보이지 않는 구조와 그 효과

텔레비전 스튜디오에서 일어나는 것에 대한 진술이 아무리 자세한 것일지라도 그 이상으로 설명하기 위하여, 그리고 기자들의 행동에 대한 설명적 메커니즘을 파악하도록 노력하기 위하여 다소 기술적인 개념 하나를 언급해야 하는데, 그것은 저널리즘의 장(場, champ) 개념입니다. 저널리즘의 세계는 하나의 소우주로서 그 자신의 법칙을 갖고, 전체 세계 안에서의 위치와 다른 소우주와의 친화·배척 관계에 의하여 정의됩니다. 이 세계가 자율적이고 그 자신의 고유한 법칙을 갖는다고 말하는 것은, 이 안에서 일어나는 것을 외적 요인만을 가지고 직접적으로 이해할 수 없다는 것을 말합니다. 저널리즘 안에서 일어나는 것에 대해 외적 요인들로 설명하는 것을 반대한 전제사항은 바로 이것입니다. 예를 들어 TF1이 부이그에 의해 소유된 사실 하나만으로, 이 방송사에서 일어난 것에 대해 설명할 수는 없습니다. 이런 사실을 고려하지 않는 설명은 불충분하지만, 이런 사실만 고려한 설명도 역시 불충분합니다. 그리고 그런 설명이 충분한 것처럼 보이려고 하기 때문에 그것은 더욱 불충분한 것입니다. 그것은 아무것도 밝히지 않은 채 비판하고, 아무것도 설명하지 않는 마르크스적 전통과 연관된 천박한 유물론의 형식과 같습니다.

시장 점유와 경쟁

TF1에서 일어나는 현상을 이해하기 위해서는, TF1이 경쟁 관계에 있는 다른 텔레비전 방송사들과 객관적 관계의 공간에 놓여 있다는 사실을 고려하여야 합니다. 여기서 경쟁 관계란 그 형식상 보이지 않는 형태로 정의되는데, 시장 점유·광고주의 비중·권위 있는 기자들의 집합적 자본 등과 같은 지표들로서 파악될 수 있는, 지각되지 않는 힘의 관계를 말합니다. 달리 말해서 방송사들간에는 사람들의 상호 작용뿐만 아니라 보이지 않는 힘의 관계들이 있습니다. 즉 말하는 사람과 말하지 않는 사람들이 있고, 서로 영향을 주고 서로 잘 아는 관계로서 지금까지 제가 이야기한 것입니다. 그리고 TF1과 아르테〔Arte, 불독 합작 문화채널〕에서 일어나는 것을 이해하기 위해서는, 장의 구조를 구성하는 객관적 힘의 관계 전체를 고려해야 한다는 것입니다. 예를 들어 재계 기업의 장에서 경제력이 큰 기업은 거의 전체 경제적 공간을 변형시킬 능력을 지니고 있습니다. 이 기업은 제품 가격을 낮추면서 새로운 기업의 진출을 막을 수 있는, 일종의 진입 장벽을 만들 수 있습니다. 이 효과는 반드시 의도한 결과는 아닙니다. TF1은 특수 권력을 축적했다는 단순한 사실로 영상계를 변화시켰습니다. 특수 권력은 영상계에 영향을 주고, 시장 점유에 의해 효과적으로 변형됩니다. 이 구조는 텔레비전 시청자나 기자들에 의해서 지각되지 않습니다. 그러나 그들은 그 효과들을 지각합니다. 그들은 자신들이 처해 있는 제도의 상대적 무게가 어떤 점에서 그들에게 가해지는지 보지 못하며, 마찬가지로 제도 속의 자신의 위치와 무게를 알지 못합니다. 한 기자가 할 수 있는 것을 이해하기 위해서는 일련의 매개변수를 고려해야 합니다. 즉 한편으로는 저널리즘의 장 속에서 TF1 혹은《르 몽드》등 그가 속해 있는 언론기관의 위치, 다른 한편으로는 자신의 신문사나 방송사의 공간 속에서 자신의 고유한 위치를 고려해야 합니다.

장이란 구조화된 사회 공간입니다. 힘의 장에는 지배자들과 피지배자들이 있어서, 이 공간 내에서는 항시적인 불평등의 관계들이 있습니다. 힘의 장은 그것을 변화시키거나 유지하기 위한 투쟁의 장이기도 합니다. 이 공간 내에서 각자는 다른 사람들과 경쟁을 위해, 장 속에서 자신의 위치를 정해 준 그가 가진 (상대적) 힘과 궁극적으로 전략을 사용합니다. 독자와 시청자 혹은 시장 점유를 위하여, 방송사들 혹은 신문사들 간의 경제적 경쟁은 기자들간의 경쟁의 형식으로 구체화됩니다. 이 경쟁은 속보·특종 뉴스·명성을 추구하는 고유하고 특수한 규칙을 가지고 있으나, 재정적 이득을 위한 순전히 경제적인 투쟁으로 생각되지는 않고, 또 그렇게 존재하지도 않습니다. 이 경쟁은 경제적·상징적 힘의 관계들 속에 고려된 언론기관의 위치와 관련된 제한 요소들에 종속되는 것을 거부합니다. 극단적인 예를 들어, 오늘날 《르 몽드 디플로마티크》와 TF1 사이에는 전혀 만날 수 없는 사람들간의 보이지 않는 객관적 관계들이 있습니다. 그러나 그들은 같은 세계에 속해 있다는 사실로 서로에게 영향을 미치는 제한 요인과, 그 효과를 의식적·무의식적으로 고려하게 됩니다. 달리 말해서, 오늘 제가 어떤 기자가 말하거나 쓴 것이 자명한 것 혹은 믿기 어려운 것, 자연스러운 것 혹은 분개할 만한 것인지를 알고 싶다면, 기자가 속한 공간에서 그가 차지하는 위치, 즉 그의 언론기관이 쥐고 있는 특수 권력을 알아야만 합니다. 이 권력은 지표들 가운데서도 경제적 힘, 즉 시장 점유뿐만 아니라 물량화하기 더 힘든 상징적 힘으로도 측정되는 권력을 말합니다.

(사실상 완전한 이해를 위해서는, 세계의 장 속에 위치한 국내 미디어 장의 위치를 고려해야 합니다. 예를 들어 미국 텔레비전의 경제기술적 지배, 특히 상징적 지배는 많은 기자들에게 사고·형식·진행 방법의 모델과 원천이 되었습니다.)

실제 형식 속에서 이 구조를 좀더 잘 이해하기 위하여, 이것이 구성되어 온 과정의 역사를 살펴보는 것이 좋습니다. 50년대에 텔레비전은 저널리즘의 장 속에서 겨우 그 모습을 드러냈습니다. 그러나 사람들이 저널리즘에 대해 말할 때는, 텔레비전을 거의 생각하지 않았습니다. 텔레비전 방송인들은 이중적으로 지배당하고 있었기 때문입니다. 그들은 정치 권력에 종속당했다는 의심을 받았으며, 문화적·상징적 관점과 위신의 면에서 지배당했습니다. 그들은 또한 국가의 보조금을 받음에 따라 경제적으로도 지배당했고, 매우 비효율적이며 위력이 없었습니다. 오랜 후에(그 과정은 자세히 설명할 것입니다) 이 관계는 완전히 바뀌었습니다. 텔레비전은 저널리즘의 장에서 경제적·상징적으로 지배적인 매체로 되어가는 경향이 있습니다. 이에 따라 특히 신문의 위기 현상이 나타납니다. 사라지는 신문들이 있는가 하면, 일부 신문들은 매순간 생존과 독자 확보 및 확대의 문제를 거론하게 되었습니다. 적어도 프랑스에서 가장 위협받는 신문들은 특히 일상적 사건사고와 스포츠 정보를 제공하는 신문들로서, 점점 이런 대상들에 접근해 가는 텔레비전과 크게 대결할 만한 것을 지니고 있지 못합니다. 그리고 텔레비전은 진지한 저널리즘(이것은 사건사고와 스포츠 기사를 최소한으로 다루고, 우선적으로 첫머리에 외국의 정치소식·정치, 나아가 정치분석을 다룬다)의 지배를 벗어나게 되었습니다.

지금까지 저는 좀 거칠게 설명하였습니다. 세부 사항으로 들어가서는 (단지 하나가 아닌) 다양한 언론기관 사이의 관계 발전에 대한 사회사(불행히도 이것은 없음)를 말해야 합니다. 가장 중요한 사실들은 이 저널리즘 세계 전체의 구조적 역사의 차원에서 나타납니다. 장(場)에서 고려하는 것은 상대적 힘입니다. 한 신문이 절대적으로 변하지 않고, 독자 또한 잃지 않고 그대로 남아 있을 수 있다고 하더라도 이 신문은 근본적으로 변화합니다. 왜냐하면 저널리즘 공간에서 이 신문의 상대적 힘과 위치가 변화하기 때문입니다. 예를 들어 한 신문이 그를 둘러싼 공간을 변화시키는 힘이 약해지고 더이상 법칙을 만들어 내지 못할 때, 그 신문의 지배적인 영향은 끝난 것입니다. 활자 저널리즘의 세계에서 《르 몽드》지는 법칙을 만들어 내고 있다고 말할 수 있습니다. 모든 저널리즘 역사가들이 만든, 이미 하나의 장이 있습니다. 그것은 '뉴스', 새로운 소식, 일상적 사건사고를 전하는 신문들과 '낡은 뉴스', 다양한 견해, 분석 등을 제공하는 신문들 사이의 대립이 존재하는 장입니다. 예를 들어 《프랑스 수아르 *France Soir*》와 같이 많은 발행부수를 자랑하는 신문들과, 상대적으로 발행부수가 다소 적으나 준(準)공식적 권위를 갖는 신문들이 있습니다. 《르 몽드》지는 두 가지 면에서 유리한 위치에 있습니다. 광고주들의 시각에서 볼 때 영향력이 있을 정도로 발행부수가 충분히 많고, 권위를 가질 만한 정도로 상징적 자본도 충분히 확보되어 있습니다. 이 신문은 저널리즘의 장에서 권력의 두 가지 요소를 축적하고 있는 것입니다.

진지한 성찰적 신문들은 19세기말에 출현하였습니다. 이 신문들은 교양 독자들에게 항상 공포와 혐오감을 불러일으키는 선정적이고 대중적인 발행부수가 많은 신문들에 대한 반동으로 나타났습니다. 텔레비전이라는 특출난 대중매체의 출현은 규모상 유례 없던 현상은 아니었습니다. 여기서 저는 잠시 다른 이야기를 하고 싶습니다. 사회학자들이 갖는 큰 문제들 중 하나는, 다음 두 가지 환상 중 어느 하나에 빠지지 않도록 피하는 것입니다. '전혀 본 적이 없다'(여태껏 본 적이 없는 현상과 혁명을 특히 텔레비전에서 알리는 것을 매우 좋아하고, 그것을 멋진 일이라고 생각하는 사회학자들이 있습니다)는 환상과, '항상 그런 것이다'(이는 보수적 사회학자들의 견해로서, 그들은 '태양 아래 새로운 것은 없다. 항상 지배자와 피지배자가 있고, 부자와 가난한 자들이 있다'고 믿습니다)라는 환상입니다. 시대를 비교한다는 것은 매우 어렵고, 위험 또한 큰일입니다. 구조와 구조를 비교할 수 있으나, 흔한 현상도 여태껏 본 적이 없는 현상처럼 무지하게 묘사하거나 잘못 설명할 수 있는 위험이 항상 있습니다. 이것은 기자들이 가끔 위험에 처해 있는 이유들 중 하나입니다. 그들은 충분한 지식이 없어서 아주 놀랍지 않은 것에 놀라고, 대경실색할 일에는 놀라지 않습니다. 역사는 사회학자들에게 필수불가결한 것입니다. 불행하게도 많은 분야에서, 특히 최근 시대의 역사 분야에서 연구는 아직 불충분합니다. 저널리즘과 같이 새로운 현상일 경우에는 더욱 그러합니다.

통속화의 세력

텔레비전 출현의 효과에 대한 문제로 돌아갑시다. 사실상 대립은 존재하나 그처럼 강한 정도는 아닙니다. (저는 '전혀 본 적이 없다'와 '항상 일어난다' 사이의 타협점을 모색합니다.) 방송 전파의 힘에 의하여 텔레비전은 활자 저널리즘계와 일반 문화계에 가공할 만한 문제를 제기합니다. 이에 비해 가벼운 소리를 내는 다른 대중언론은(레이먼드 윌리엄스는 하나의 가정을 발전시켰는데, 이에 따르면 시에 있어서의 모든 낭만적인 혁명은 대중언론의 출현이 영국 작가들에게 영감을 불어넣은 공포에 의해 촉발되었다고 합니다) 별것 아닌 것처럼 보입니다. 텔레비전은 확실히 엄청난 규모와 영향력으로 유례 없는 미지의 효과들을 냅니다.

예를 들어 텔레비전은 아침·저녁에 일상적으로 모이는 사람들보다 더 많은 사람들을 저녁 뉴스 시간에 모을 수 있습니다. 이같은 매체에 의하여 제공된 정보가 어렵지 않은 균질화되고 공통된 정보라면, 그 결과 정치적·문화적 효과들을 볼 수 있습니다. 이것은 우리가 잘 알고 있는 법칙입니다. 언론기관이나 그 어떤 표현수단이 광범위한 공중(公衆)에 도달하려고 할수록 어려운 표현과 사람들을 분류하고 배제할 수 있는 모든 것(《파리마치 *Paris-Match*》 잡지를 생각하십시오)을 더 버려야 하고, 말하자면 아무도 '기분' 나쁘지 않도록 더 신경을 써야 하며, 전혀 문제를 일으키지 말고 단지 골치 아프지 않은 문제만 다루어야 합니다. 일상 생활에서 사람들은 비와 좋은 날씨에 대해서 많이 말합니다. 왜냐하면 그것으로 인해 서로 부딪칠 일이 없는 확실한 화제이기 때문입니다. 물론 휴가를 떠나려고 하는 당신이 비를 필요로 하는 농부와 언쟁하게 되는 미묘한 경우는 제외합니다. 신문의 배포 범위가 확장될수록 신문은 더욱 문제를 일으키지 않는 주제들을 다루고, 기자들은 수용자의 지각 범주에 적합한 대상을 구성해 갑니다.

이 집단적 작업 전체는 균질화·통속화되고, '순응적'이고, '탈정치화'되어 가는 경향이 있습니다. 엄밀히 말하자면 아무도 이 작업의 주체가 되지 못함에도 불구하고, 그리고 그 일이 그같이 생각되지도 원하지도 않음에도 불구하고 완전히 그렇게 되어갑니다. 그것은 사회계에서 자주 관찰하게 되는 그 어떤 것입니다. 사람들은 아무도 원치 않은 것, 그리고 원했던 일 ('~을 위한 것이다')이 생길 수 있다고 봅니다. 바로 이 점에서 단순화하는 비판은 위험합니다. 이런 비판은 현상을 사실처럼 이해해야 하는 모든 노력을 하지 않습니다. 아무도 이 사실을 원하지 않은 것처럼, 재정 지원을 하는 사람들도 깊이 개입하지 않은 채 '텔레비전 뉴스'라는 매우 이상한 것이 만들어집니다. 텔레비전 뉴스는 모든 사람들에게 적절한 내용을 담고, 이미 알고 있는 것들을 확인합니다. 그러나 그것은 정신 구조는 건드리지 않습니다. 보통 우리가 말하는 한 사회의 물질적 기반을 흔드는 혁명들이 있습니다. 예를 들어 성직자의 재산을 국유화한다는 경우입니다. 그리고 예술가·학자·종교적 선지자, 그리고 가끔 드물게 위대한 정치적 지도자들이 정신 구조를 대상으로 하여, 보고 생각하는 방식을 변화시키는 상징적 혁명들이 있습니다. 미술 분야에서 마네의 경우를 그 예로 들 수 있습니다. 그는 현대와 고대라는 근본적인 대립 구도, 즉 전통적 미술 교육을 기반으로 한 구조를 전복시켰습니다. 만약 텔레비전과 같이 강력한 도구가 이같은 상징적 혁명을 향해 그토록 노력하지 않는다면, 저는 우리가 서둘러 이에 개입하여야 한다는 것을 확신합니다. 그런데 텔레비전에게 아무도 이런 요구를 할 필요를 느끼지 않는다면, 단지 경쟁의 논리와 제가 언급한 메커니즘에 의하여 텔레비전은 그같은 역할을 전혀 하지 않으려고 합니다. 텔레비전은 공중(公衆)의 정신 구조에 완전히 꼭 맞추어져 있습니다. 저는 텔레비전의 도덕주의에 대해 언급할 것입니다. 〈텔레통 *téléthon*〉 같은 프로는 이같은 논리에서 분석해야 할 것입니다. 지드는 "좋은 감수성으로 나쁜 문학을 만든다"고 말하였습니다. 그러나 저는 좋은 감수성으로 "시청률을 올린다"라고 말하고 싶습니다. 텔레비전 방송인들의 도덕주의에 대해 곰곰이 생각할 것이 있습니다. 항상 냉소적이면서도, 그들은 절대적으로 경탄할 만한 도덕적 순응주의를 견지하고 있습니다. 뉴스 앵커·토론 진행자·스포츠 해설가 들은 작은 양심의 지도자들이 되었습니다. 이들은 무리함 없이 전형적인 프티 부르주아의 도덕의 대변인이 되었습니다. 이들은 교외 지역의 위험, 혹은 학교의 폭력 등 소위 '사회 문제들'에 대해 '어떻게 생각하여야 하는지'를 말합니다. 문학과 예술 분야에서도 마찬가지입니다. 가장 잘 알려진 소위 문학 방송 프로그램은 점점 더 봉사하는 방식으로 기존의 가치·순응주의·아카데미즘, 혹은 시장가치를 제공합니다.

저널리즘의 장과 관련시켜 말하겠습니다. 기자들은 갖가지 정보들을 생산하고 분배하는 도구와, 이 도구를 통한 일반 시민과 학자·예술가·작가 등 문화 생산자들의 접근을 독점적으로 장악함에 따라, 즉 대량 분배의 '공중의 영역'까지 파고들어 사회계에서 중요한 위치에 있습니다. (우리가 개인이나 모임·집단의 자격으로 정보를 광범위하게 배포하려고 할 때, 우리가 맞부딪치게 되는 것은 이 독과점입니다.) 비록 그들이 문화 생산의 장에서 열등하고 지배받는 위치에 있지만, 그들은 매우 희귀한 형태의 지배를 행사하고 있습니다. 그들은 공개적으로 자신을 표현하며 존재하고, 널리 알려져서 '대중적 명성'(이것은 정치인들과 일부 지식인들에게 중요한 목적입니다)을 얻을 수 있는 수단에 대한 권력을 갖고 있습니다. 이것은 흔히 지적인 매력과 어울리지 않는 생각들로 (적어도 그들 중 가장 영향력 있는) 사람들을 치장할 수 있습니다. 그리고 그들은 이러한 일부 인정(認定)의 권력을 자신의 이익을 위해 돌릴 수 있습니다. (비록 노련한 기자들일지라도 지식인들이나 정치인들처럼——기자들 중 일부는 이 집단에 속하기를 열망합니다——때때로 지배할 수 있는 범주에 비하여 구조적으로 열등한 위치에 있다는 사실은, 아마도 그들의 반지식인주의 경향을 설명해 줍니다.)

특히 항상 공중의 가시권에 접근할 수 있고, 텔레비전이 출현하기 전까지는 아무리 유명한 문화 생산자라도 도저히 생각할 수 없었던 대규모적인 표현이 가능함에 따라, 그들은 사회 전체에 그들의 세계관의 원칙·문제 의식·관점을 강요할 수 있습니다. 어떤 사람들은 저널리즘의 세계가 모든 여론, 모든 관점을 표현할 기회를 주도록 분할되고 차별화되어 다양하다고 반박할지 모릅니다. (저널리즘의 벽을 넘기 위하여, 어떤 수준까지는 최소한의 상징적 비중을 갖는 조건하에 기자와 신문 사이의 경쟁을 즐길 수 있다는 것은 사실입니다.) 그러나 저널리즘의 장은 다른 장들처럼 명제들과 공유한 신념들(다른 한편으로는 위치와 의견의 차이)의 전체에 의존하고 있습니다. 이 명제들은 사고 범주의 어떤 체계 속에, 그리고 언어와의 어떤 관계 속에, 또한 예를 들어 '텔레비전 출연 허가증'과 같은 개념이 내포하는 모든 것 안에 존재합니다. 이 명제들은 기자들이 사회 현실 속에서, 그리고 상징적 생산의 전체 안에서 하는 선별의 원칙입니다. 공개 토론에 접근하기 위해서 이같은 저널리즘의 선별 작업, 즉 기자들이 행하는 이 무서운 '검열'을 통과해야 하는 것은 담론(학문적 분석, 정치적 선언 등)도 행동(데모·파업 등)도 아닙니다. 검열은 그들에게 '흥미'를 줄 수 있고, 그들의 '주목'을 끌 수 있는, 즉 그들의 범주에 들어가는 것을 붙잡고, 전체 시민들에게 전달될 수 있는 상징적 표현을 무의미와 무관심 속에 내버리는 것입니다.

방송 수단의 공간에서 텔레비전의 상대적 중요성이 커지고, 지배적으로 된 이 텔레비전에 가해지는 상업적 구속의 비중이 커진 다른 결과는 파악하기가 더 어렵습니다. 그것은 텔레비전에 의한 문화적 행동의 정치에서 일종의 대중 선동의 우민 정치로 이행되는 것입니다. (대중 선동은 특히 텔레비전에서 확인됩니다. 텔레비전은 소위 진지한 신문을 물리칩니다. 진지한 신문은 자유 논단, 자유로운 여론같이 독자 편지에 점차 많은 지면을 할애하고 있습니다.) 50년대 텔레비전은 문화 텔레비전이 되길 원했고, 문화적 주장을 담은 모든 프로(다큐멘터리, 고전 작품의 각색, 문화 토론 등)를 강요하고, 대중의 취향을 형성하기 위하여, 말하자면 독점적으로 기여하였습니다. 90년대 텔레비전은 가장 많은 시청자를 확보하기 위하여, 이런 취향을 이용하고 북돋우는 것을 목표로 하였습니다. 시청자들에게 '토크 쇼', 직접 체험의 노출, 관음증과 노출증(텔레비전 게임 프로와 같이 사람들은 방송에 참여하기를 열망합니다. 순간적이나마 방송에 나오기 위하여, 심지어 방청객으로라도 참석하고 싶어합니다)의 형식을 만족시키기에 충분한 생생한 프로들을 제공합니다. 저는 말하자면 과거의 온정주의 교육적 텔레비전을 바라는 향수에 동의하지 않습니다. 저는 이런 향수가 대중의 취향과 대규모 방송 수단의 민주적인 이용을 위한, 대중의 자발적 혁명과 선동 정치적 복종에 반대하지 않는다고 생각합니다.

시청률에 의해 판정되는 투쟁

상호 작용의 형식까지 정하는 다양한 기관들 사이의 힘의 관계를 분석하기 위해서는 겉모습과 스튜디오 안에서 보이는 것, 그리고 저널리즘의 장 내부에서 일어나는 경쟁의 모습까지 통찰해야 합니다. 오늘날 왜 특정한 기자들 사이에 정기적인 특정한 토론 프로가 있는지를 이해하기 위해서는, 저널리즘 공간에서 대표적인 인물들이 속해 있는 언론기관의 위치와 이 기관 내에서의 그들의 위치를 살펴보아야 합니다. 마찬가지로 《르 몽드》지의 논설위원이 쓸 수 있는 것과 쓸 수 없는 것을 이해하기 위해서는, 역시 항상 이 두 가지 면을 염두에 두어야 합니다. 위치의 제한들은 금지와 윤리적 명령처럼 체험됩니다. '이것은 《르 몽드》 전통과 양립할 수 없다' '이것은 《르 몽드》 정신에 위배된다' '여기서는 그렇게 할 수 없다' 등이 그 예들입니다. 윤리 규범의 형식으로 표현되는 이 모든 경험은, 이 공간에서 일정한 위치를 점하고 있는 한 사람을 통해 장의 구조가 중첩된 것입니다.

장에서 다양한 대립자들은 경쟁 상태에 있는 다른 행위자들의 논쟁적 표상들을 항상 가지고 있습니다. 그들은 자신들의 고유한 전형에 따라 욕들을 만들어 냅니다. (스포츠의 공간에서 각 스포츠 장르는 다른 스포츠에 대해 전형화된 이미지를 만듭니다. 럭비 선수들은 축구 선수들을 '팔병신들'이라고 놀리며 말합니다.) 이 표상들은 흔히 힘의 관계를 확인하고, 그것을 변형시키거나 유지하기 위한 투쟁의 전략입니다. 또한 예를 들어 활자 언론매체의 기자들, 특히 작은 신문에서 낮은 위치에 있고 내부적으로 피지배적 위치에 있는 기자들은 텔레비전에 대하여 매우 비판적인 담론을 전개시킵니다.

사실상 이 표상들은 위치의 표명들입니다. 표상들을 다소 부정적인 형태로 표현하는 사람들의 위치가 표명되는 것입니다. 그러나 동시에 부정적 표상은 위치를 변화시키고자 하는 의도가 담긴 전략이기도 합니다. 오늘날 저널리즘 세계에서 텔레비전을 둘러싼 투쟁이 구심점이 되었습니다. 이것이 텔레비전에 대한 연구의 어려운 점입니다. 텔레비전에 대해 학술적인 주장을 담은 담론은, 방송인들이 텔레비전에 대해 말하는 것을 녹화하는 것에 불과합니다. (기자들은 곧잘 사회학자가 말한 것이, 그들이 생각한 것에 더욱 가까운 것이 좋다고 말합니다. 방송인들에 따르면 우리가 텔레비전에 대해 진실을 말하도록 노력할 때, 그렇게 기대할 수 없게 하고, 또 실제로 그런 것이 대중적으로 인기가 있습니다.) 그런데 텔레비전에 비하여 활자 저널리즘이 점차적으로 퇴보하는 지표들이 있습니다. 모든 신문에서 텔레비전에 관한 부록 지면이 끊이지 않고 증가하고 있다는 사실, 그리고 텔레비전에 의하여 다시 인용 보도된 사실에 기자들이 가장 큰 가치를 부여한다는 사실 등이 그 지표들입니다. (그리고 역시 텔레비전에 나타난 사실은 신문의 가치를 높이는 데에 기여합니다. 권위 있는 기자가 되려면, 텔레비전 방송 프로 하나를 맡아야 합니다. 텔레비전 방송 기자들은 신문기사 작성의 특수성까지 문제될 정도로, 신문에서 매우 중요한 위치를 차지하게 되기까지에 이릅니다. 텔레비전의 여성 앵커가 하루아침에 보도국장이 된다면, 기자들의 특수한 능력은 무엇이냐고 반문할 수밖에 없을 것입니다.) 그리고 미국인들이 일컫는 소위 '아젠다〔agenda: 기획 편집의 논제나 중요한 문제들〕'가 점차 텔레비전에 의하여 결정된다는 사실 또한 이 지표들 중 하나입니다. (제가 설명한 정보의 돌고도는 순환 속에서, 텔레비전의 영향력은 결정적입니다. 그리고 활자매체의 기자들에 의해 주제·사건·토론이 다루어진다 해도 텔레비전에 의해 다시 취재되어 다루어지고, 동시에 정치적 효과를 담을 때 비로소 결정적이고 중요한 것이 됩니다.) 활자매체 기자들의 위치는 위협당하고, 동시에 직업적 특수성은 문제시되고 있습니다. 제가 여기서 말하는 모든 것은 상세히 설명되고 증명되어야 할 것입니다. 그것은 상당히 많은 조사와 연구에 기초한 작업일 것입니다. 그것은 매우 복잡한 일이라서, 매우 중요한 경험적 작업에 의해서만이 실질적으로 진전할 수 있을 것입니다. (그것은 존재하지 않는 학문을 '매체학(médiologie)'이라고 스스로 명명한 일부 연구자들이, 모든 조사 이전에 매체 세계의 상황에 대해 단정적인 결론을 제시하는 것을 막지는 않습니다.)

그러나 가장 중요한 문제는 텔레비전의 상징적 힘의 증가와 함께 경쟁하는 텔레비전들 가운데, 선정적이고 거대하며 놀라운 것을 찾기 위해 노력하는 가장 냉소적이고 성공한 텔레비전들입니다. 이것은 정보에 대한 어떤 관점의 문제입니다. 스포츠와 일상적 사건사고를 다루는 선정적인 신문들에서나 볼 수 있었던 이런 현상은, 이제 저널리즘의 장 전체에 영향을 주고 있습니다. 이런 현상은 특수한 범주의 기자들에 의하여 나타나는데, 그들은 모든 형태의 의무와 심지어 모든 정치적 질문에까지 가장 냉소적이고 무관심하며, 가장 까다롭지 않은 공중의 기대에 거리낌없이 응하는 적성으로 많은 보수를 받고 채용됩니다. 이들은 전체 기자들에게 그들의 '가치'와 선호, 존재하고 말하는 방식, '인간의 이상'을 강요하고 있습니다. 시장 점유 경쟁에 쫓겨 텔레비전은 사건사고나 스포츠 기사를 우선시하는 등, 점점 더 선정적 신문들의 낡은 기교에 의존합니다. 세상에 무슨 일이 일어나든지, 텔레비전 뉴스의 시작에 프랑스 축구대회의 결과나 갑자기 편성된 다른 스포츠 사건, 혹은 정치 행위의 가장 일화적이고 의례적인 면(외국 국가원수의 방문, 혹은 자국 대통령의 해외 순방)을 다루는 일이 점점 더 잦아졌습니다. 그리고 텔레비전이 그 어떤 특별한 지식이나, 특히 정치적 능력을 요구하지 않는 자연재해·사건·화재 등 단순한 호기심을 불러일으킬 만한 것들을 즐겨 다룬다는 것은 두말할 나위도 없습니다. 사건사고는 정치 공백화 현상을 만들고, 사회적 삶을 탈정치화시키며, 일화나 소문(스타나 왕족의 삶은 국내적 혹은 세계적인 사건이 됨)으로 축소시켜 버립니다. 말하자면 텔레비전 뉴스는 정치적 영향이 없는 사건들에 한하여 주의를 끌면서 '교훈을 얻고자' 이것들을 극화시키거나, 혹은 '사회 문제들'로 전환시킵니다. 텔레비전은 학교에서의 이슬람 머플러 착용, 교사의 폭력, 혹은 핑켈크로트에서의 비장한 분노나 콩트 스퐁빌에서의 도덕적 사고를 부추기기 위하여 만든 다른 '사회적 사건'을 화면 전면에 내세우면서 가공적으로 사건을 구성합니다. 그래서 뉴스의 무의함과 일화성·우연성에 의미를 주기 위해, 텔레비전은 자주 철학자들에게 구원 요청을 하는 것입니다. 그리고 선정성과 상업적 성공의 추구는 사건사고의 선별 기준이 됩니다. (즉각적인 혹은 계산된) 대중선동을 위해 거칠게 구성된 사건사고는, 가장 기본적인 충동과 열정을 부추기면서(어린이 유괴와 스캔들은 대중적 분노를 자극시키기에 적절한 사건들임) 큰 관심을 끌 수 있습니다. 어린이 살해, 혹은 비난받는 집단에 관련된 공격적이고 상징적 린치에 가까운 사건들은 뜨거운 감정과 동정을 동원하는 형식을 취하고 있기 때문입니다.

오늘날 활자매체 기자들은 하나의 선택을 해야 한다는 결론이 나옵니다. 지배적 모델의 방향으로 나아갈 것인지, 즉 준(準)잡지적 성격의 텔레비전과 같은 신문을 만들 것인지, 혹은 차별성을 강조하여야 할 것인지, 즉 신문의 차별화 전략을 세울 것인지를 선택하여야 합니다. 두 마리 토끼를 다 놓칠 위험 속에서, 엄격하게 정의된 문화 메시지를 바라는 독자들을 버리면서까지 경쟁에 돌입할 것인지, 혹은 차별성을 강조할 것인지를 결정하여야 합니다. 이같은 문제는 저널리즘의 장에 포함된 하위 장으로서의 텔레비전의 장 내부 자체에서도 제기됩니다. 제가 보는 현상태에서는 '시청률 정신'의 희생자들인 책임자들이 무의식적으로 진정한 선택을 하지 않고 있습니다. (이같은 사회적인 큰 결단은 어느 누구 한 사람에 의하여 이루어지지 않는다는 것을 자주 보아 왔습니다. 만약 사회학자가 항상 조금 성가시게 느낀다면, 그것은 그가 사람들이 의식적으로 하지 않기를 원하는 것들을 의식해야 하기 때문입니다.) 과거에 문화생산기관들의 일반적인 경향은, 결국 패배하고야 마는 길로 가기 위해 그들의 특수성을 버리는 것이었습니다. 라 세트(La Sept)에서 아르테(Arte)로 바뀐 문화 채널은, 강경하고 공격적인 비의(秘義)적 정책을 시청률과의 다소 부끄러운 타협책으로 변경하였습니다. '황금 시간대'와 초저녁 시간대의 불가사의한 시청률과 쉽게 타협하게 된 것입니다. 《르 몽드》도 같은 유형의 선택의 귀로에 있습니다. 저는 지금까지 어떻게 보이지 않는 구조——이것은 다소 중력처럼 우리들이 보지는 못하지만 일어나는 현상을 이해하기 위하여 가정해야 하는 것입니다——분석에서 개인적 경험으로 넘어갈 수 있는지, 다시 말해서 어떻게 보이지 않는 힘의 관계가 개인적 갈등과 실존적 선택의 수준에서 나타날 수 있는지를 충분히 설명했다고 생각합니다.

저널리즘의 장은 하나의 특성을 지니고 있습니다. 그것은 다른 문화의 장들, 즉 수학의 장·문학의 장·법의 장·학문의 장 등보다 훨씬 더 외부의 힘들에 종속되어 있습니다. 그것은 수요에 매우 직접적으로 의존하고 있어, 정치의 장보다 더욱 더 시장과 대중적 평판의 제재를 받습니다. 저널리즘의 장에서는 모든 장에서 관찰되는 '순수'와 '상업'의 양자택일이 강요되고(예를 들어 연극의 경우, 통속적 연극과 전위적 연극의 대립은 TF1과《르 몽드》의 대립과 같습니다. 그리고 한쪽에는 상인들이 다른 한쪽에는 학생들이 모이는, 일반 대중과 교양 대중 사이의 대립도 같은 맥락에서 성립합니다), 그 중 상업적 축의 비중이 특별히 큽니다. 그리고 다른 장들과 통시적으로 비교해 보면 유례 없이 이런 특성이 강합니다. 그러나 더욱이 저널리즘의 세계에서는 학문의 세계에서 발견되는 것들이 보이지 않습니다. 예를 들어 어떤 금지 사항을 초월하는 사람을 열광하게 만들거나, 혹은 반대로 규칙에 순응하는(예를 들어 참고와 인용의 형식으로 표현하는) 사람이 동료의 존경을 받게 하는 일종의 내재적인 정의가 보이지 않습니다. 저널리즘에서 긍정적, 혹은 부정적 제재들은 어디에 있습니까? 유일한 비판의 싹은 인형극과 같은 풍자 방송 프로그램입니다. 그리고 그 보상은 '재(再)취재(다른 기자에 의하여 다시 다루어지는 사실)'일 뿐입니다. 그러나 그것은 드물고 눈에 띄지 않는 애매모호한 지표입니다.

텔레비전의 위력

저널리즘의 세계는 하나의 장입니다. 그러나 그것은 시청률의 매개에 의하여 경제적 장에 구속되어 있습니다. 매우 타율적이고 매우 심하게 상업적인 제한에 구속되어 있는 이 장은, 그 자신이 구조적으로 다른 장들을 구속합니다. 이 구조적·객관적·비가시적 효과는 직접적으로 보이는 것, 사람들이 보통 비난하는 것, 즉 특정한 사람의 개입 등과는 아무 관련이 없습니다. 책임자들을 비난하는 데 만족할 수도, 또 그렇게 해서도 안 됩니다. 예를 들어 빈의 풍자문학가 카를 크라우스는, 오늘날《누벨 옵세르바퇴르》의 편집장에 상응하는 사람을 신랄하게 비난하였습니다. 그는 잡지의 문화파괴적 문화순응주의, 보잘것없는 일부 작가들에 대한 호평, 평화주의 사상의 위선적인 설파에 의한 신뢰 상실을 비난하였습니다. 마찬가지로 그는 매우 일반적인 방식으로 사람에 대해서도 비판을 하였습니다. 한

편 사회학을 공부하면 남성과 여성은 각기 책임감을 가졌으나, 그들이 위치한 구조와 이 구조 속에서 그들이 점유한 위치에 의한 가능성과 불가능성 속에 크게 구속되어 있다는 것을 배웁니다. 따라서 특정한 기자, 혹은 철학가에게 반대하는 논쟁에 만족할 수 없습니다. 각자는 자신의 영역을 가지고 있습니다. 저 역시 가끔 이에 따릅니다. 베르나르 앙리 레비는 일종의 작가—기자, 혹은 철학가—기자의 상징이 되었습니다. 그러나 사회학자가 베르나르 앙리 레비에 대해 말하는 것은 합당치 않습니다. 레비는 일종의 구조의 부대(附帶) 현상이고, 장의 표현이라고 보아야 합니다. 그를 만들고 그에게 조그만 힘을 준 장을 이해하지 못한다면, 우리는 아무것도 이해하지 못합니다.

분석을 탈극화시키고, 합리적으로 행동에 접근시키는 것이 중요합니다. 사실상 저는 이같은 분석(제가 텔레비전 앞에서 증명해 보이는 사실)이 아마 부분적으로는 현상을 변화시킬 것이라고 확신합니다. 모든 학문은 이같은 야망을 가지고 있습니다. 오귀스트 콩트는 '과학으로부터 예측, 예측으로부터 행위'를 말했습니다. 사회과학은 다른 학문과 마찬가지로 이런 야심을 가질 권리가 있습니다. 사회학자가 저널리즘과 같은 사회 공간을 설명할 때, 그는 처음의 충동·감정·열정이 분석 작업에 의해 정화되어 가는 것을 느끼면서 어떤 효율성을 기대합니다. 예를 들어 사회학자는 메커니즘에 대한 의식을 고양시키면서, 이 메커니즘에 의해 조종당하고 있는 사람들(기자들이건 시청자들이건 간에)에게 약간의 자유를 줄 수 있습니다. 말하자면 스스로가 객관적 입장을 취하고 있다고 느끼는 기자들이 제가 말하는 것을 잘 이해한다면, 적어도 희망하건대 그들은 자신들이 혼란스럽게 알고 있는 것들을 구명하게 되지만, 또 너무 많이 알기를 원하지는 않습니다. 그러면서도 그들은 제가 그들에게 이 메커니즘들을 파악할 수 있는 자유의 도구를 주었다고 생각할 것입니다. 사실상 저널리즘의 내부에서는, 경쟁에서 파생된 어떤 효과들을 중화시키려는 신문사간의 동맹을 생각할 수 있습니다. 경쟁을 지향하는 구조적 효과들로부터 일부 나쁜 효과들이 파생된다면, 그것은 경쟁이 긴급성과 '특종 기사'의 추구를 요구한 것입니다. 그래서 경쟁자는 아무도 잘 인식하지 못할 상대방을 물리치기 위해 단순히 매우 위험한 정보를 던질 수 있습니다. 이것이 사실이라면, 이 메커니즘을 의식하고 명시화하는 일은 경쟁을 중화시키려고 협조하는데에 기여할 수 있습니다. (가끔은 이와 같은 식으로 일이 일어납니다. 어린이 유괴처럼 극단적인 상황 속에서, 기자들은 외국인혐오 주장으로 잘 알려진 정치적 지도자들을 시청률을 이유로 초대하기를 거부할 수 있는데, 이것은 방송 출연에서 모든 '반박' 주장보다 훨씬 효과적이기 때문입니다.) 저는 제가 이상주의에 젖어 있다는 것을 의식하고 있습니다. 그러나 저는 도덕성을 결여한 구조적 메커니즘들이 의식적인 결과라면, 이들을 통제하려는 의식적 행동이 가능할 것이라고 사회학자의 결정론과 비관론을 반대하는 사람들에게 반박할 것입니다. 뿌리 깊은 냉소주의로 특징지어지는 이 세계에서 사람들은 도덕에 대해 많은 말을 합니다. 사회학자로서 저는 사람들이 도덕에 관심을 갖게 만드는 구조와 메커니즘 위에 도덕이 기반해야만 그 효력이 있다고 생각합니다. 그리하여 도덕적 불안과 같은 어떤 것들이 나타날 때, 이 구조 안에서 지지·강화·보상을 찾을 수 있어야 합니다. (공중이 견식이 있고, 그들이 겪고 있는 조작들을 더 잘 의식하고 있다면) 보상은 역시 공중으로부터 얻을 수도 있습니다.

따라서 저는 현재 모든 문화 생산의 장들이 장의 힘에 압도된 어떤 기자나 방송사 간부가 아닌, 저널리즘의 장의 구조적 제한에 종속되어 있다고 생각합니다. 이 구속은 모든 장에서 매우 동등한 체계적인 효과들을 발휘하고 있습니다. 저널리즘의 장은 하나의 장으로서 다른 장들에 영향을 줍니다. 다시 말해서 점차 상업적 논리에 의해 지배받는 장, 그 자체가 다른 세계에 구속을 강요합니다. 시청률의 압력을 통하여 경제적 영향력은 텔레비전에 미치고, 저널리즘에 대한 영향력을 통하여 텔레비전은 다른 신문들, 좀더 정확하게 말해서 '진지한' 신문들에게까지, 그리고 텔레비전의 문제를 점차 거론하지 않는 기자들에게도 영향력을 행사하고 있습니다. 마찬가지로 저널리즘 장의 전체적인 비중을 통해 저널리즘은 모든 문화 생산의 장들에 영향을 미치고 있습니다.

저널리즘에 대한 기획 특집을 실은 《사회과학연구 *Actes de la recherche en sciences sociales*》지의 한 호에는, 레미 르누아르의 훌륭한 논문이 게재되어 있습니다. 르누아르는 법조계에서 일부 판사들이 장의 내부에서 힘의 관계를 변화시키고, 내적 위계질서에서 그들의 위치를 높이기 위하여 어떻게 텔레비전을 이용하였는지를 보여줍니다. 그런데 그들은 법의 장의 내적 규범의 관점에서 볼 때 가장 존경받을 만한 사람들은 아니었습니다. 어떤 경우에는 이와 같은 일이 매우 잘된 일일 수 있습니다. 그러나 어렵게 얻은 집단적 합리성의 상태는 위험에 처할 수 있습니다. 혹은 좀더 자세히 말해서, 법조계의 자율성에 의해 확인되고 보장된 기득권을 문제삼을 수 있습니다. 이 자율성은 정의에 대한 감각과, 공통적인 법에 대한 감각의 직관에 고유한 논리를 반대할 수 있는 것입니다. 기자들이 주는 압박은 가끔 매우 강하게 판사들의 일처럼 느껴집니다. 기자들은 그들의 고유한 관점과 가치를 표현하거나 '대중 감정' 혹은 '여론'의 대변인으로 자처합니다. 그래서 어떤 이들은 판사의 권력이 정말로 이양되었다고 말합니다. 학문의 장에까지 비슷한 일이 벌어지고 있습니다. 파트릭 샹파뉴의 '사건' 분석에서 보듯이 대중선동의 논리, 즉 시청률의 논리가 내적 비판의 논리를 대체합니다.

이 모두가 좀 추상적으로 느껴집니다. 좀더 간단히 다시 말하겠습니다. 대학의 장, 역사가들의 장 등 각각의 장에는 장의 내적 가치에 따른 지배자들과 피지배자들이 있습니다. '훌륭한 역사가'란, 훌륭한 역사가들이 그를 훌륭한 역사가라고 말하는 사람입니다. 그러나 수학자가 아닌 어떤 사람이 수학에 대해 그의 의견을 말하려고 개입할 때, 그리고 역사가로 인정받지 않은 어떤 사람(예를 들어 텔레비전의 역사가)이 역사가들에 대해 그의 의견을 말하면서 이에 정통한 것처럼 행동할 때 (장의) 타율성이 나타나기 시작하는 것입니다. 텔레비전이 주는 '권위'를 지니고 카바다는 프랑스의 최대 철학자가 아무개씨라고 여러분들에게 말합니다. 두 명의 수학자, 두 명의 생물학자 혹은 물리학자들 사이의 차이를 투표에 의하여, 혹은 카바다가 선택한 두 사람간의 토론에 의하여 판정할 수 있다고 생각합니까? 그런데 미디어들은 이같은 판결을 공표하기 위하여 끊임없이 개입합니다. 특히 주간지들이 이런 일을 매우 좋아합니다. 예를 들어 지식인 대차대조표를 만드는 일이 있는데, 금주 혹은 지난달 또는 지난 10년간의 10명의 위대한 '지식인들' 순위에 오른 사람 혹은 떨어진 사람 등의 집계가 그것입니다. 왜 이런 것이 인기가 있을까요? 왜냐하면 그것은 지적 가치의 주식시장에 작용하는 도구이고, 지식인들 즉 주주들(흔히 소주주이지만 저널리즘이나 출판계에서 힘 있는 사람들임)이 그들의 주가를 높이기 위한 경쟁에서 애쓰는 것을 볼 수 있기 때문입니다. 또한 (철학자·사회학자, 혹은 지식인 등의 인명) 사전들이 있는데, 이것들은 항상 권력과 승인의 도구였습니다. 이것들의 가장 공통적인 전략들 중 하나는, 예를 들면 (특수한 범주에 따라) 배제될 수 있거나 배제되어야 하는 사람들을 포함시키고, 반대로 포함시킬 수 있고 포함시켜야 하는 사람들을 배제시키며, 혹은 평가의 구조를 수정하기 위하여 이같은 '순위 명단'에 클로드 레비 스트로스와 베르나르 앙리 레비를, 즉 이론의 여지없는 가치와 이론의 여지가 있는 논쟁적인 가치를 나란히 옆에 놓는 것입니다. 그런데 신문은 지식인—기자들에 의해 즉각 다시 취해진 문제들을 제기하기 위해 개입합니다. 예를 들어 저널리즘 세계의 구조적인 항구적 성격의(이것은 이해하기 매우 쉬움) 반지식인주의(L'anti-intellectualisme)는,

기자들이 지식인들의 과오 문제를 정기적으로 거론하게 합니다. 또한 반지식인주의는 지식인—기자들만 동원되는 토론과 방송 출연의 간격을 조정하면서, 이 텔레비전 지식인들이 미디어 속에 존재하도록 하는 것 이외에는 다른 이유가 없는 토론을 이끕니다.

이같은 외부로부터의 개입은 매우 위협적입니다. 첫째는 그것이 문외한들을 기만할 수 있기 때문입니다. 그럼에도 불구하고 문화 생산자들이 청중과 관중·독자 들을 필요로 함에 따라, 이 문외한들은 영향력을 가지고 있습니다. 독자들은 책의 판매 성공에 기여하고, 이를 통하여 편집인에게 영향을 끼치고, 앞으로의 출판 기획에도 영향을 끼칩니다. 오늘날 미디어는 '베스트셀러 리스트'에 드는 상업적 산물들을 칭찬하고, 작가와 기자 사이에 오가는 호의에 보답하는 논리를 펼치는 경향이 있습니다. 그러나 시인·소설가·사회학자 혹은 역사학자이든 간에 3백 부밖에 못 펴내는 젊은 필자들은 점점 더 책을 출판하기도 힘들어졌습니다. 이율배반적으로 사회학, 특히 지식인 사회학은 아마도 오늘날 프랑스 지식인의 장에서 우리가 보는 상태를 만들었습니다. 이것은 의도하지 않은 결과였습니다. 사회학은 두 가지 상반된 이용을 목적으로 하고 있습니다. 하나는 '냉소적인' 이용인데, 좀더 효과적인 전략을 위해 사회 환경의 법칙에 대한 지식을 이용하는 것입니다. 다른 하나는 '임상(臨床)적' 이용이라고 할 수 있는데, 법칙이나 경향을 극복하기 위해 그에 대한 지식을 이용하는 것입니다. 지식인의 장에 충격을 주고, 특수한 쿠데타를 일으키기 위해서 상당수의 냉소주의자들, 위반의 예언자들, 텔레비전의 빠른 두뇌들, 기자·역사가, 사전 또는 현대사상의 총결산 카세트의 저자 등은 사회학을 숙고하여 이해한 것을 이용합니다. 한편 스펙터클에 대한 드보르의 위대한 사상 속에서 실제 비판적일 수 있는 것에 대해 말할 수 있을 것입니다. 그는 자신을 중립화하기에 적합한 가짜 냉소적 급진주의에 봉사하고 있습니다.

협 력

　　그러나 저널리즘적인 힘과 조종은 역시 보다 미묘한 방식
으로, 트로이 목마의 논리에 의하여 행사될 수 있습니다. 즉 자
율적인 세계에 타율적인 생산자들을 초대함으로써, 그들이 외
부적 힘에 의존하여 그들의 동료에 의해 받지 못할 인정을 받
는 것입니다. 비작가를 위한 작가, 비철학자를 위한 철학자 등
은 텔레비전의 인기를 누릴 것이고, 특수한 세계 속에서의 특
수한 영향력과는 비교가 되지 않는 저널리즘적 영향력을 갖게
될 것입니다. 이것은 하나의 사실입니다. 점차 분야에 따라 미디
어의 인정은 국립과학연구소(CNRS) 위원회에서도 고려되고 있
습니다. 텔레비전이나 라디오 프로듀서가 한 연구원을 초대하
는 것은, 지금까지 타락으로 간주되던 인정의 형식을 연구원
에게 주는 것입니다. 거의 30여 년 전, 레이몽 아롱은 대학에서
확실히 이러한 능력을 많이 의심받았는데, 왜냐하면 그가《피

가로》지의 기자로서 미디어에 관련되어 있었기 때문입니다. 오늘날 장들 사이에 힘의 관계의 변화는 점차 외부 평가 범주가——피보의 경우 매거진·인물 소개 프로그램에서 인정받음——동료들의 평가를 누르는 것입니다. 가장 순수한 세계, 즉 순수과학의 학문 세계에서 예를 들어야겠습니다. (사회과학의 세계는 매우 복잡할 것입니다. 왜냐하면 사회학자는 모든 사람이 상호 작용을 하고, 이해타산을 가지고 있는 사회 세계에 대해 말하기 때문입니다. 그래서 말하자면 사회학과 전혀 관계 없이 좋은 사회학자와 나쁜 사회학자가 있게 됩니다.) 역사학·인류학 혹은 생물학·물리학처럼 좀더 독립적으로 보이는 분야의 경우, 미디어의 심판은 점점 더 중요합니다. 신용을 얻는다는 것은, 미디어의 승인과 동료들의 평판과 같은 명성에 달려 있다는 것을 사람들은 어느 정도 알고 있습니다. 제가 지나친 이야기를 하는 것 같으나 불행히도 미디어 권력의 간섭의 예들은 많이 있습니다. 가장 순수한 학문의 세계인 경제학도 미디어에 의해 영향을 받고 있습니다. 그것은 텔레비전에서 표현하는지 안하는지 알아보는 것이 왜 중심적인 문제가 되는지를 말해 줍니다. 저는 학문의 공동체가 이 문제에 진심으로 관심을 갖기를 바랍니다. 제가 설명한 모든 메커니즘들을 의식하는 것이, 증가하는 텔레비전의 위력에 대항하여 학문 발전의 조건인 자율성을 보호하기 위한 집단적 경향으로 이끈다는 사실이 중요합니다.

미디어의 권력이 학문의 장과 같은 세계에 강제적으로 행사되기 위해서는, 이 장 안에서 공모를 찾아야 합니다. 사회학은 이 공모를 이해하도록 도와줍니다. 기자들은 자주 매우 만족스럽게 다음과 같은 사실을 관찰하며, 작가·예술가·학자 들의 주체적 자율성을 의심하게 됩니다. 즉 대학들이 미디어에 달려들어 기사를 부탁하고, 초청을 간청하고, 자신들을 잊어 고려하지 않는 것에 대해 항의하고, 때로는 끔찍한 증언도 듣게 한다는 것입니다. 이같은 종속성을 인정하고, 특히 그 이유 혹은 원인을 알도록 노력해야 합니다. 그것은 결국 누가 협력하는지를 이해하도록 노력하는 것입니다. 스케치를 해보겠습니다. 얼마 전 출간한 《사회과학연구》지의 한 호에는, 독일 점령 당시의 문학의 장에 대한 지젤 사피로의 논문이 실렸습니다. 이 훌륭한 논문은 누가 협력자였는지 혹은 아니었는지, 그리고 과거를 청산하려는 목적을 가진 글이 아니었습니다. 이 글의 목적은 어느 정도의 변수를 갖고, 왜 그때에 작가들이 어느 특정한 진영을 선택하였는지를 알아보는 것이었습니다. 내용을 간단히 말하자면 동료들로부터 더 많이 인정받은, 즉 특수자본이 풍부한 사람들일수록 더 저항적이었고, 반대로 타율성에 의한 즉 상업성에 의한(상업적 흥행 소설의 작가 클로드 파레르처럼) 문학 행위를 하는 사람들일수록 더 협력자가 되어가는 경향이 있었습니다.

여기서 저는 자율성의 이해를 위해 더 설명해야겠습니다. 매우 자율적인 장, 예를 들어 수학의 장은 발견을 대체할 수도 있는 경쟁자들을 고객으로 갖고 있는 생산자들만의 장입니다. (저의 꿈은 사회학이 이처럼 되는 것입니다. 불행히도 모든 사람들이 이 장에 참여하고 있습니다. 모든 사람들이 이를 알고 싶어합니다. 페이르피트 씨는 저에게 사회학 강의를 하려 합니다. 그런데 왜 그가 하지 않을까요? 왜냐하면 그는 텔레비전에서 그와 토론할 사회학자와 역사가 들을 찾기 때문입니다.) 자율성을 확보하기 위하여 일종의 상아탑을 만들어야 합니다. 즉 그 안에서 서로 판단하고 비판하며 원인을 알고 심지어 싸우는 것입니다. 즉 과학적 도구·기술·방법 등의 무기를 가지고 서로 격돌하는 것입니다. 어느 날 저의 동료 역사가 한 명과 라디오에서 토론을 한 일이 있었습니다. 방송에서 그는 저에게 "친애하는 동료 선생님, 저는 당신이 수행한 경영인에 대한 요인 분석을 다시 해 보았는데, 저는 당신과 전혀 다른 결과를 얻었습니다"라고 말했습니다. 저는 '굉장하다. 드디어 누가 나를 진정 비판하는구나'라고 생각했습니다. 그는 경영에 대한 다른 정의를 가지고 있었기 때문에 모집단에서 은행장들을 제외시켰습니다. 그의 주장에 동의하기 위해서는 중요한 이론적·역사적 선택을 다시 하여야 했습니다. 학문적으로 진정한 동의와 반대에 이르는 진정한 토론을 하기 위해서는, 불일치의 영역과 이를 해결할 방법에 대해서 상당한 수준의 동의가 있어야 합니다. 우리는 가끔 텔레비전에서 역사가들 사이에 항상 의견 일치가 되지 않는 것에 놀랍니다. 매우 자주 이런 토론들이 전혀 공통점이 없고, 함께 이야기해서는 안 될 사람들을 모아 대립시키는 것을 우리는 이해할 수 없습니다. (거의 마치 천문학자와 점성가, 화학자와 연금술사, 종교사회학자와 사이비종교 교주 등을 함께 초청하는 경우처럼 나쁜 기자들이 이런 것을 좋아합니다.)

독일 점령하의 프랑스 작가들의 입장 선택에 대해, 제가 즈다노프의 법칙이라고 부르는 방법을 특별히 응용해 볼 수 있습니다. 문화 생산자가 자율적이고 특수자본이 풍부하며, 그의 경쟁자만을 고객으로 하는 제한된 시장으로 배타적으로 향할수록, 그는 점점 더 저항적으로 되어가는 경향이 있습니다. 반대로 문화 생산자가 대량생산의 시장을 지향하여 그의 문화 상품을 생산할수록, 그는(수필가·작가—기자·체제순응적 소설가) 더욱더 외부 권력·국가·교회·정당 그리고 오늘날 저널리즘이나 텔레비전과 협력하는 경향이 있으며, 그들의 요구와 주문에 따르게 되는 경향이 있습니다.

　이것은 역시 오늘날에도 적용되는 매우 일반적인 법칙입니다. 사람들은 저에게 미디어와 협력하는 것은 적군 나치와 협력하는 것과는 전혀 다른 것이라고 반박할지 모릅니다. 그것은 맞는 말입니다. 저는 신문이나 라디오, 혹은 텔레비전과 협력하는 모든 형태를 선험적으로 명백하게 비난하는 것이 아닙니다. 그러나 협력에 기우는 요인들의 관점에서 보면, 자율적 장의 규범을 파괴하는 구속에 대해 조건 없는 굴종처럼 여겨지는 교섭은 놀라운 일입니다. 만약 학문·정치·문학의 장들이 미디어의 위력에 위협당한다면, 그것은 이 장들 속에 장의 특수한 가치를 적게 지닌 타율적인 사람들이 있기 때문입니다. 평범한 말을 사용하자면 그들은 '실패한 사람들' 혹은 그런중인 사람들로서 타율성에 관심을 갖고, 장 속에서 얻지 못한(빠르고, 시기상조의 순간적인) 신성화 이외의 것을 찾으려 합니다. 게다가 이들은 기자들의 눈에 잘 띄는데, (좀더 자율적 작가들과는 달리) 그들을 두려워하지 않고 그들의 요구에 응할 준비가 되어 있기 때문입니다. 타율적 지식인들과 싸우는 것이 저에게 필수불가결한 것처럼 보인다면, 그것은 그들이 트로이의 목마이며, 이것을 통하여 타율성 즉 상업과 경제의 법칙이 장 안으로 도입되기 때문입니다.

잠깐 정치의 예를 들어 보겠습니다. 정치의 장 그 자체는 어떤 자율성을 지니고 있습니다. 예를 들어 의회는 일종의 투기장(鬪技場)입니다. 이 내부에서는 말과 투표로 일이 조정되고, 어떤 규칙에 따라서는 다양하고 심지어 적대적인 이익들을 표현하도록 되어 있는 사람들간의 수많은 논쟁을 통하여 정치가 이루어집니다. 이 장에서 텔레비전은 다른 장들, 특히 법의 장에서 생산하는 유사한 효과들을 발생시킵니다. 텔레비전은 자율성의 권리를 문제삼습니다. 그것을 보여주기 위해서, 카린 사건과 관련된 저널리즘의 영향력에 대해 할애한《사회과학연구》지의 한 호에 실린 이야기를 하겠습니다. 카린은 살해된 남부 지방의 한 소녀입니다. 시골의 한 조그만 신문은 아버지와 삼촌의 분개와 조그만 항의 시위를 실었는데, 이 기사는 다른 조그만 신문들에서도 연쇄적으로 기사화되었습니다. 사람들은 "끔찍한 일이야, 어린아이를! 사형제도를 부활시켜야 돼"라고 말하였습니다. 지역 정치인들도 이 사건에 개입하였고, 인민전선당[Le Front National: 프랑스 극우당]의 측근들은 특히 흥분하였습니다. 의식이 있는 툴루즈의 한 기자는 이런 분위기를 경계하려고 노력하며 "주의합시다. 이것은 하나의 린치입니다. 신중히 고려해야만 합니다"라고 말하였습니다. 이제 변호사협회도 가담하여 사형제도 도입의 유혹을 비난하였습니다. 여론의 압력이 세져 결국은 무기징역이 부활되었습니다. 이같이 급진전되는 상황 속에서, 우리는 정보 동원의 도구처럼 작동하는 미디어를 통해 어떻게 직접 민주주의의 도착적 형태가 자리잡을 수 있는지를 보게 됩니다. 미디어는 긴급하게 집단적 감정의 압력을 거리감 없이 반영합니다. 이것은 정치적 장의 상대적 자율성의 논리에 의해 보장되는 민주주의가 아닙니다. 보복의 논리가 재형성되고, 이에 대항하여 모든 법적·정치적 논리가 형성됩니다. 기자들이 성찰에 필요한 거리감을 지키지 못하는 경우가 역시 있습니다. 그들은 한 단순한 사건을 족집게로 집어내듯 돋보이게 하면서 대사건(예를 들어 한 젊은 프랑스인이 다른 젊은 아프리카계 프랑스인에 의하여 살해된 사건)으로 만드는 데에 기여할 수 있습니다. 기자들은 그들이 불을 지른 사건에 기름을 붓는 사람들, 즉 신문과 모든 텔레비전 뉴스가 초반에 되풀이하여 만든 '사건에 의해 촉발된 감정'을 이용하거나 이용하려는 인민전선당 사람들을 비난합니다. 그들은 그들이 하게 만든 인종차별적 행위를 크게 소리질러 비난하며 준엄하게 심판하고, 인간의 아름다운 마음의 덕목을 확인시킵니다. 기자들은 이 가장 멋있는 조종 도구를 계속해서 사용합니다.

입장의 권리와 퇴장의 의무

　이제 비교(秘敎)와 엘리티즘 사이의 관계에 대한 문제에 대해 몇 마디 하겠습니다. 이것은 19세기부터 모든 사상가들이 논쟁하며 얽매인 문제입니다. 예를 들어 비의(秘義)적이고 순수한 작가의 상징 그 자체인 말라르메는 보통 사람들이 이해할 수 없는 언어로 소수 사람들을 위해 시를 썼으며, 시인으로서 하는 모든 일에 일생을 바치는 데 몰두하였습니다. 당시 미디어가 있었더라면 어떤 사람은 스스로 이렇게 물었을 것입니다. "내가 텔레비전 앞에 앉을 수 있을까? 텔레비전은 모든 종류의 학문적·지적 작업에 내재하여 비교(秘敎)에 이르게 하는 '순수성'의 필요성과, 이것을 최대한 많은 사람들이 접하도록 하는 민주주의적인 고민을 어떻게 조화시킬 수 있을까?" 저는 텔레비전이 두 가지 효과를 낸다고 관찰하였습니다. 한편으로는 철학·법 등, 어떤 상당수의 장들에 들어갈 수 있는 입장의 권리(droit d'entrée)를 낮추어 줍니다. 즉 텔레비전은 직업의 내적 정의로 보건대, 입장의 권리를 지불하지 않은 사람들을 사회학자·작가 혹은 철학자 등과 동등하게 인정합니다. 다른 한편으로 텔레비전은 가장 많은 사람들을 동원할 힘이 있습니다. 정당화하기 힘들어 보이는 점은, 장의 입장의 권리를 낮추기 위해 시청자 증가를 허락하는 것입니다. 혹자는 제가 엘리트주의적인 이야기를 하며, 학문과 고급 문화로 에워싼 아성을 방어하고 대중의 접근을 금지하고 있다고 저에게 반대할 것입니다. (대중에게 알리고 시청률에 의해 심판을 받는다는 핑계로, 희한한 삶의 상태와 특이성을 가지고 가끔 대중의 대변자라고 말하는 사람들에게 제가 텔레비전 접근을 금지하도록 한다고 말입니다.) 사실상 저는 인류의 지고한 창조물의 생산과 분배에 필요한 조건을 옹호합니다. 엘리트주의와 대중선동주의의 양자택일을 피하기 위해서는, 생산의 장에서 '입장의 권리'의 유지와 상승──저는 사회학이 이렇게 되기를 바라는데, 그것은 사회학의 불행이 대부분 입장의 권리가 너무 낮은 데서 기인하기 때문입니다──그리고 퇴장의 조건과 방법의 개선을 수반한 '퇴장의 의무'의 강화를 동시에 옹호해야 합니다.

사람들은 평준화를 위협적으로 요구합니다. (이것은 특히 하이데거에서 발견되는 반동적 사고가 반복되는 주제입니다.) 사실상 이것은 문화 생산의 장에 미디어의 필요성이 개입하는 것으로부터 올 수 있습니다. 모든 아방가르드적인 연구에 (정의상) 내재하는 비교주의와 동시에 이 비교를 개방할 필요성과, 이를 하기 위한 좋은 조건과 수단을 얻기 위해 싸울 필요성을 옹호해야 합니다. 다시 말해서 보편성을 발전시키기 위해 필요한 생산 조건들을 방어해야 하고, 동시에 보편성에 적응하기 위한 필요한 조건들을 점점 더 충족시키기 위하여 보편성의 접근 조건을 일반화하도록 노력해야 합니다. 자율적 세계에서 생산된 하나의 사상이 복잡할수록 그 복원은 더 어렵습니다. 이러한 어려움을 극복하기 위하여, 조그만 아성에 있는 생산자들은 거기에서 나와 좋은 분배 조건과 분배 수단을 소유하기 위하여 집단적으로 싸울 줄 알아야 합니다. 교사·노조·협회 등과 연대하여 수용 수준을 높이기 위한 교육을 받도록 투쟁해야 합니다. 우리가 잊었지만 19세기 프랑스 공화국의 창시자들은 교육의 목표가 좋은 일꾼이 되기 위해 단지 읽고 쓰고 셀 줄 아는 법을 가르치는 것이 아니라, 좋은 시민이 되기 위하여 법을 이해하고 자신의 권리를 이해하며 주장하고 노동조합 등을 만들 줄 알도록 필요한 수단을 갖추게 하는 것이었습니다. 따라서 우리는 보편성에의 접근 조건을 보편화하기 위해 노력하여야 합니다.

우리는 민주주의의 미명으로 포장된 시청률과 대항해 싸울 수 있고, 또 그래야만 합니다. 이것은 매우 이율배반적으로 보입니다. 왜냐하면 시청률의 지배를 옹호하는 사람들은 더 이상 민주주의적인 것이 없다고 주장하기 때문입니다. (이는 일부 사회학자들의 뒤를 이어 가장 냉소적인 광고주·홍보인 들이 좋아하는 주장입니다. 생각이 짧은 에세이스트들은 여론, 혹은 시청률에 대한 비판을 보통선거에 대한 비판과 동일시합니다.) 또한 그들은 사람들에게 판단과 선택의 자유를 주어야 한다고 주장합니다. (그들은 "이 모두를 경멸할 만한 것으로 여기는 것은 당신의 엘리트적인 지적 편견이다"라고 반박합니다.) 시청률, 그것은 시장과 경제의 제재 방식, 즉 순전히 상업적이고 외적인 합법적 제재 방식입니다. 그리고 이 마케팅 도구의 요구에 복종하는 것은, 정치에서 여론에 의한 대중선동 정치와 똑같은 문화 형식입니다. 시청률에 의해 지배되는 텔레비전은 자유롭고 현명하다고 가정된 소비자들이 시장의 구속을 받도록 영향을 미치는 데에 기여합니다. 시장에는 냉소적인 대중선동가들이 믿게 하려는 현명하고 이성적인 집단 의견, 공중의 이성의 민주적인 표현이 없습니다. 피지배자들의 이익을 표현하는 비판적 사상가들과 조직들은 이 문제를 분명하게 고려하지 않습니다. 그것은 제가 설명한 모든 메커니즘을 강화하는 데에 많이 기여합니다.

저널리즘의 영향력

이 글은 원래 《사회과학연구》지에 발표된 것인데,
여기에 재수록하는 것이 유용하다고 생각했다.

이 글은 보다 엄격하고 통제된 형식으로 씌어졌는데,
지금까지 앞에서 내가 강의한 것은
이 내용을 보다 접근하기 쉬운 형식으로 말한 것이다.

이 글의 대상은 '기자들의 권력'이 아니다. 더욱이 '제4의 권력'으로서의 저널리즘도 아니다. 그것은 점점 더 시장(독자와 광고주)의 요구에 종속되어 가는 저널리즘 장의 '메커니즘'이, '우선 기자들(그리고 지식인—기자들)'과 부분적으로 그들을 통하여 다양한 문화 생산의 장들, 즉 법의 장·문학의 장·예술의 장·학문의 장에게 미치는 영향력이다. 따라서 이 저널리즘의 장 그 자체가 시장의 구속을 받으면서, 그것이 가하는 구조적 제한이 어떻게 다양한 장들 내부의 힘의 관계를 다소 깊이 변화시키는지를 살펴보아야 한다. 즉 장 속에서 행동하고 벌어지는 일에 어떻게 영향을 주고, 현상적으로 매우 다른 세계 속에서 매우 흡사한 효과를 내는지를 보아야 한다. 이것은 전혀 보지 못했다는 환상과 항상 그랬다는 환상의 두 가지 상반된 잘못 중 어느 하나에도 빠지지 않는 태도이다.

저널리즘의 장과 이를 통한 시장의 논리가 가장 자율적인 문화 생산의 장에도 미치는 영향은 전혀 새로운 것이 아니다. 이 보호된 세계의 내부에서 발생되는 가장 일반적인 효과들에 대해 완전히 실제적인 설명은, 지난 세기의 작가들이 남긴 텍스트에 의존하여 할 수 있을 것이다.[1] 그러나 현재 상황의 특수성을 간과해서는 안 된다. 상동성의 효과로 인한 공통점 외에, 현재 상황은 유례 없는 상대적 특성들을 보여주고 있다. 저널리즘의 장과 이를 통한 다른 문화 생산의 장에서 텔레비전이 발생시키는 효과들은, 그 강도와 규모에 있어서 상업문학의 출현이 가져온 효과들보다 비교할 수 없을 정도로 더 크다. 상업문학은 대형 출판사 및 신문의 소설과 함께 작가들의 분개와 저항을 일으켰고, 레이먼드 윌리엄스에 따르면 여기서

---

1) 예를 들어 장 마리 굴르모와 다니엘 오스테르의 저서 《Gens de lettres, Écrivains et Bohèmes》를 읽어보면 확신이 들 것이다. 문학계에 대한 자발적 사회학(sociologie spontanee)의 수많은 관찰과 구성적 주석들을 발견할 것이다. 이 작가들은 특히 그들의 적이나 문학계에서, 그들의 마음에 들지 않은 것들을 객관화하는 노력에 있어서 원칙도 갖지 않은 채 글을 썼다. (cf. Jean-Marie Goulemot et Daniel Oster, 《Gens de lettres, Écrivains et Bohèmes》, Paris, Minerve, 1992) 그러나 세기말 문학의 장의 기능 분석이, 오늘날 문학의 장의 숨겨진 기능 설명과 상동성이 있다는 것을 분석의 행간에서 직감적으로 읽을 수 있다. (마치 필립 뮈레이가 다음의 책에서 한 것처럼 말이다. 《Des regles de l'art aux coulisses de sa misere》, Art Press, 186, juin 1993, p.55-67)

'문화'의 근대적 정의가 나오게 되었다.

저널리즘의 장은 여러 문화 생산의 장들에 영향을 미치는데, 그 총체적인 효과들은 그 형식과 효율성에 있어서 그의 고유한 구조, 즉 독자와 광고시장의 외적 힘들에 비해 자율성에 따른 다양한 신문과 기자들의 분배 구조와 연관되어 있다. 그리고 분배기관의 자율성 정도는 아마도 일반 광고와 (광고 및 기금 형식의) 국가 보조에서 비롯되는 수입, 그리고 광고주의 자본 집중 정도로 측정된다. 특정한 기자의 자율성의 정도는 우선 신문사의 자본 집중 정도에 종속되어 있고, (잠재 고용자의 수를 줄이고 고용의 불안정성을 높이는 경우) '지성적' 축 혹은 '상업적' 축으로 나뉘어지는 신문들의 공간에서 그의 신문이 차지하는 위치에 달려 있다. 또한 그것은 신문사, 혹은 출판기관에서의 기자의 위치(정식 기자·인턴 기자 등)에 달려 있다. 그런데 이 위치는 (특히 명성과 관련된) 다양한 지위의 보장과 급여 수준을 결정한다. (이것은 공적 관계의 유연한 형식에 거의 손상을 주지 않고, 식량 혹은 돈을 위한 노동을 통하여 출자자의 영향력이 발산되는 요인이다.) 그리고 마지막으로 기자의 자율성 정도는 정보의 자율적 생산의 능력에 달려 있다. (학문을 저속화하는 기자, 즉 경제부 기자 같은 일부 기자들은 특별히 종속적이다.) 사실상 다양한 권력과, 특히 국가 심급들은 경제적 구속뿐만 아니라 합법적인 정보(특히 '공식적인 소식통') 독점의 압력에 의하여 행사된다는 것은 명백하다. 이 정보 독점은, 예를 들면 정부당국·행정부·경찰뿐만 아니라 사법당국·아카데미 등에게 무기가 된다. 즉 이들은 투쟁에서 기자들과 대립하고, 정보를 조종하거나 정보를 전달하는 자들을 조종하려고 노력한다. 반면에 신문사는 정보를 얻고, 정보의 확실한 배타적 수집을 위하여 정보의 제공자를 조종하려고 노력한다. 또한 저널리스트 장에서의 행동·결정·개입(인터뷰·기자회견 등)에 의하여, 국가 권력은 뉴스 사건들의 중요도 순서를 정하는 능력을 부여받은 예외적인 상징 권력을 가지고 있다는 것을 잊어서는 안 된다.

저널리즘 장의 속성

저널리즘의 장이 어떻게 모든 장들에서 '순수성'을 약화시키고 '상업성'을 강화시키는 데에 기여하는지, 그리고 '직업'의 원칙과 가치를 가장 옹호하는 생산자들보다는 경제적·정치적 권력의 유혹에 가장 민감한 생산자들을 위해 기여하는지 이해하기 위하여, 저널리즘의 장이 다른 장들의 구조와 상동적인 구조에 의해 조직된다는 것을, 그리고 여기서 '상업성'의 비중이 더욱 커진다는 것을 동시에 알아야만 한다.

저널리즘의 장은 19세기에 두 가지 유형의 신문들간의 대립을 둘러싸고 형성되었다. 그것은 '감각적'이고 더 나아가 '선정적'인 '뉴스'를 전하는 신문들과, 분석 및 '논평'을 제시하는 신문들 간의 대립이었다. 그런데 후자는 '객관성'[2]의 가치를 분

_____

2) 대중언론의 단순한 이야깃거리로부터 정보를 구별하기 위하여 노력하

명히 유지하면서 전자에 비해 차별성을 보여준다. 이것은 두 가지 논리와 정당화의 두 가지 원리 간의 대립의 장소이다. 한 편으로는 우선 '가치'와 내적 원리를 전적으로 인정하는 사람들이 생각하는 동료에 의한 인정과, 다른 한편으로는 입장객·독자·청중·관객의 수로 물량화되어 판매부수('베스트셀러'), 금전적 이익, 시장의 심판자로서의 필수적인 대중의 제재를 중요하게 생각하는 가장 많은 사람들에 의한 인정의 대립이다.

문학 혹은 예술의 장처럼 저널리즘의 장은 순전히 문화적이고 특수한 논리의 장소이다. 이 특수한 논리는 기자들끼리의 구속과 통제를 통하여 자신들에게 강요되고, 이를 잘 준수하면(가끔 의무론처럼 여겨짐) 직업적으로 존경받을 수 있는 명예를 얻는다. '재취재'의 가치와 의미는 이것을 만들고, 이것의

고 고민하는 신문의 결과로서, 미국 저널리즘에서의 '객관성' 개념의 출현에 대해 다음을 참조할 것. M. Schudson, 《*Discovering the news*》, New York, Basic Books, 1978. 그리고 문학의 장으로 전향하여 글쓰기에 대해 고민하는 기자들과, 정치의 장에 가까운 기자들 사이의 대립이 프랑스의 경우 차별화와 고유한 '직업(특히 리포터 같은 직업)'의 창조를 가져올 수 있는 공헌에 대해서는 다음의 책을 읽을 것. T. Ferenczi, 《*L'invention du journalisme en France: naissance de la presse moderne à la fin XIXᵉ siècle*》, Plon, 1993. 한편 프랑스 신문과 잡지의 장에서 이러한 대립이 갖는 형식에 대해, 그리고 이것과 다양한 독서 및 독자의 범주와의 관계에 대해서는 다음의 책을 참조할 것. P. Bourdieu, 《*La Distinction, Critique sociale du jugement de goût*》, Éd. de Minuit, 1979, p.517-526.

혜택을 받는 사람들의 장 속에 있는 위치에 달려 있다. 사실상 아마 '재취재' 이외에 비교적 이론의 여지가 없는 긍정적인 인정은 거의 없다. 미미한 언론사일 경우에 자신을 정당화할 때만 저널리즘의 정보원을 인용하는 경향이 있다 하더라도, 정보원을 인용하는 것을 누락하는 사람들에 대한 부정적인 제재는 거의 존재하지 않는다.

그러나 학문·예술·문학·법의 장보다 저널리즘의 장이 훨씬 더 정치·경제의 장과 같이 고객의 직접적인 제재, 혹은 시청률의 간접적인 제재를 통한 시장의 심판 결과에 종속되어 있다. (비록 국가 보조가 시장의 즉각적인 구속에 대하여 어느 정도 독립성을 보장해 준다 하더라도 그렇다.) 그리고 저널리스트들은 더 높은 자리에 있을수록(방송사 국장·제작부장 등), 시장에 직접적으로 종속되어 있는 기관에 있을수록(문화 채널에 비해 상업 텔레비전 방송사 등) 제작에서('단순하게 하라' '짧게 하라' 등), 제작물과 제작자의 평가('텔레비전에 잘 나간다' '잘 팔린다' 등)에서 아마도 '시청률 변수'를 받아들이는 경향이 더 크다. 반면에 가장 젊고 덜 안정적인 위치에 있는 저널리스트들은, '직업'의 원칙과 가치를 내세워 '선배들'[3]의 보다 현실적이

---

3) 문학의 장처럼 외적 범주에 따른 위계화, 판매 성공은 '진지한' 저널리즘

고 냉소적인 요구에 반대하는 경향을 갖고 있다.

금세 사라지는 '뉴스'라는 재화를 생산하는 장의 특수한 논리 속에서, 고객을 위한 경쟁은 가장 최근의 뉴스('속보')를 선취하려는 경쟁의 형식을 취하는 경향이 있다. 이런 경향은 상업적 축에 가까운 매체일수록 더욱 두드러진다. 시장의 구속 요인은 장의 효과라는 매개를 통해서만 작동한다. 사실상 고객 확보의 성공 수단으로서 평가되고 추구되는 수많은 '속보'는, 독자 혹은 시청자는 잘 의식하지 못하고 경쟁자들만이 인식할 뿐이다. (모든 신문을 다 읽는 사람들은 기자들뿐이다.) 장의 구조와 메커니즘에 속한 뉴스의 선취 경쟁은, 속도(혹은 긴급성)와 영원한 새로움의 기호 아래 모든 행동을 하려는 직업적 성향을 가진 행위자들을 좋아하고 이들을 요구한다.[4] 이같은 성향은 하루하루를 생각하며 살고, 시사성에 따라(텔레비전

의 내적 범주에 따른 위계화와 거의 반대가 된다. 교착적 구조(문학·예술·법의 장 또한 이런 구조임)에 따른 이 유통의 복잡성은, 그 자신이 하위 장으로 기능하는 출판·라디오·텔레비전 매체 가운데, 이 전체 장을 조직하는 '문화적' 축과 '상업적' 축 간의 대립에 의해 더 심해진다. 결과적으로 우리는 일련의 끼워 맞춰지는 구조(a:b, b_1:b_2 같은 형식)를 갖게 된다.
4) 실제적으로 인식되지 않은 채 텔레비전 초청자의 말에 영향을 주는 '구조적 제재'는, 흔히 순전히 임의적으로 강요되는 일시적인 구속을 통해서 행사된다.

뉴스의 '시사 포착성') 정보를 가치화하도록 하는 저널리스트적인 행동의 시간성에 의해 끊임없이 강화된다. 그것은 일종의 영원한 건망증을 유발하는데, 이는 새로움에 대해서만 열광하는 부정적인 이면이다. 이러한 성향은 '새로운 것'과 '낡은 것'[5]의 대립에 따라 생산자와 생산물을 판단하는 성향이다.

장의 다른 효과는 완전히 이율배반적이고, 집단적 혹은 개인적 자율성의 확보에 거의 유리하지 않는 것이다. 경쟁은 경쟁자의 행동에 대해 항시적인 경계를 하도록(상호 첩보 활동까지 하게 됨) 한다. 자신의 실수를 피하며, 경쟁자의 실수를 이용하고, 상대의 성공을 방해하며, 다음과 같이 '추측되는' 성공의 방법들을 빌려 온다. 그것들은 재기획할 만한 특별호의 주제들, '말하지 않을 수 없는 책'으로서 이미 다른 사람들에 의해 검증된 책, 초청해야만 하는 사람들, 다른 사람들이 발견했기 때문에 반드시 '짚고 넘어가야' 할 주제들이다. 같은 기자들끼리 서로 다투며, 그것들을 갖고 싶은 실제적인 욕망만

---

5) '그것은 지난 것이다'라는 단정적인 말이 매우 자주 오늘날 저널리즘의 장을 넘어 모든 논증을 대신한다면, 공격받는 당사자들은 이 평가의 원리를 사용하는 데에 분명한 관심을 갖는다. 이 원리는 가장 최근의 것에 이론의 여지없이 유리함을 제공한다. 그것은 어떤 것을 이전과 이후 사이의 공허한 대립으로 환원하며, 그것을 증명할 필요가 없게 해준다.

큼이나 경쟁자가 그것들을 갖는 것을 방해한다. 이같이 이 분야에서 경쟁은 다른 곳과 마찬가지로 독창성과 다양성을 자동적으로 유발하지 않는다. 우리가 대표적인 주간지, 그리고 라디오와 시청률 높은 텔레비전 채널들의 내용을 비교해 보면 쉽게 이해할 수 있듯이 같은 경쟁은 흔히 공급의 '획일성'을 조장한다. 그러나 매우 강력한 이 메커니즘은 시장의 심판에 완전히 종속되고, 가장 직접적인 유통의 수단을 선택하도록 교활하게 장 전체에 강요하는 효과를 낸다. 텔레비전과 같은 것은 모든 생산을 기존 가치들을 보전하는 방향으로 정향시키는 데에 기여한다. 이는 예를 들어 정기적인 인기 순위 퍼레이드를 통하여 지식인―기자들이 장을 보는 그들의 관점을 강요하려고(그리고 순위에 '보답'하는 표시로 동료들을 인정하는 등) 노력하는 사실로서 증명된다. 인기 순위 퍼레이드는 베스트셀러 리스트에 몇 주 동안 오르다가 금세 사라질 운명에 처한 문화 생산물을 만드는 작가들과, 고전으로서 오랜 기간 동안의 베스트셀러를 인정하는 사람들의 고급 기호에 맞춘 '확실한 가치들'에 작가들을 나란히 놓는다. 이것의 효과가 대부분 기이한 사람들에 의해 나타난다 해도 메커니즘의 저널리즘 장은 그 장소이다. 그리고 다른 장들에 미치는 효과들은 장을 특정짓는 '구조'에 의하여 그 방향과 강도가 결정된다.

침투 효과

저널리즘 장은 모든 장에서 물량과 시장의 효과에 가장 종속되는 축에 가까운 행위자와 제도를 강화시키는 영향력을 행사한다. 장들이 구조적으로 이 논리에 더 밀접히 종속되어 있는 만큼, 그리고 저널리즘의 장 역시 상황적으로 다른 문화 생산의 장들보다 외적 구속 요인에 종속되어 있는 만큼 이 효과는 더 발생된다. 그런데 오늘날 내적 제재는 그의 상징적 힘을 상실해 버릴 경향이 있다. 그리고 기자와 '진지한' 신문들은 그 고유한 성격을 상실하고, 상업 텔레비전에 의해 도입된 시장과 '마케팅' 논리에 양보하기를 강요당한다. 이 새로운 수준에서 정당성의 원칙은 수(數)와 '매체의 가시성'에 의해 인정되고, 일부 (문화적 혹은 정치적) 산물 혹은 일부 '생산자'에게 전문화된 장에 의해 강요된 특수한 제재의 민주적 대체물을 제공한다. 일부 텔레비전 '분석'은 특히 시청률 효과에 가장 민감한 기자들 덕분에 성공한다. 기자들은 국민투표의 '정치적' 용어로서 '문화' 생산과 분배의 문제를 제기하는 데에 만족하면서, '민주적 정당성'을 상업 논리에 넘겨준다.[6]

이같이 상업 논리의 직·간접적 지배에 점점 더 그 자신이 종속되어 가면서 강화되는 저널리즘 장의 영향력은, 다른 문화 생산의 장들의 자율성을 위협하는 경향을 보인다. 즉 저널리즘 장은 다른 장들 속에서 '외적' 이익의 유혹에 가장 약한 사람과 기업을 부추기는데, 왜냐하면 그들은 (학문적·문학적 등) 특수한 자본이 충분치 못하고, 즉시 혹은 조금 장기간에 걸쳐 장이 보장하는 특수한 이익도 덜 가지고 있기 때문이다. 문화 생산의 장(특히 철학과 사회과학에 관련된 장)에 대한 저널리즘 장의 영향력은, 저널리즘의 장과 전문화된 장(문학·철학 등) 사이에 위치한 문화 생산자들의 개입에 의하여 주로 행사된다. 이 '지식인—기자들'[7]은 이중적으로 소속되어 두 세계

---

6) 이를 위해 저널리즘의 언어로서 (TF1와 Arte 간의 선택처럼) 기자의 문제를 거론하는 것으로 충분하다. (《Culture et télévision: entre la cohabitation et l'apartheid》, D. Wolton, 《Éloge du grand public》, Paris, Flammarion, 1990, p.163). 과학적 분석이 거칠고 힘들 수 있다는 것을 옹호하기 위하여, 어떤 점에서 일상 언어, 특히 저널리즘적 언어의 전구성(pré-construction)·선입견과의 단절 문제는 대상에 적합한 구성 조건처럼 부과된다는 것을 말하고 싶다.
7) 애매한 경계를 갖는 이 범주에서는, 문화 분야에서 '산업적' 생산의 출현

의 특수한 요구를 교묘히 피하면서, 한쪽에서 얻은 권력을 다른 한쪽에서 사용한다. 이들은 두 가지 주요한 효과를 나타내고 있다. 한편으로는 대학의 비교주의(秘教主義)와 저널리즘의 비교주의 사이에 잘못된 정의 속에 있는 문화 생산의 새로운 형식을 도입하고, 다른 한편으로는 특히 그들의 비판적 판단을 통하여 문화 생산의 평가 원칙을 강요하는 것이다. 이 평가 원칙은 시장의 제재에 지적 권위의 모습을 비준하고, 일부 소비자들이 이 '알로독시아(allodoxia; 체계적인 착각, 성찰적 오인)'에 자연스럽게 끌리도록 강화한다. 그리고 이 원칙은 문화 생산의 수용에 있어서, 그리고 역시 간접적으로 생산에 있어서 더 많이 팔릴 상품을 선택하도록(예를 들어 편집자의 선택처럼) 정향시키면서 시청률과 베스트셀러 효과를 강화하는 경향이 있다.

그리고 지식인—기자들은 '객관성'을 일종의 좋은 친구에 대한 예절이나 관련된 모든 당사자에 대한 절충적인 중립성과 동일시하면서, 전위적 작품을 위해 중간 문화의 산물을 취하거나, 상식적 가치[8]의 이름으로 전위(단지 예술 분야에만 해

과 함께 창시된 전통에 따른 문화 생산자들은 별도로 생각하여야 한다. 이들은 저널리즘의 직업에 '생존 수단'을 요구하며, 전문화된 장들에 영향을 미치는 권력(통제, 혹은 특히 인정 따위)을 요구하지 않기 때문이다(즈다노프의 효과임).

당되는 것이 아님)의 추구를 비방하는 자들의 지지에 의존할 수 있다. 전위를 비난하는 자들은 모든 소비자들의 동의와, 심지어 그들과의 공모에 의존할 수 있다. 소비자들은 그들처럼 '문화가치의 중심지'와의 거리에 의하여, 그리고 '자기 기만'의 논리에 따라 그들의 동의 능력의 한계를 숨기기 위한 성향에 의하여 이 '별종속견'에 기울어진다. 여기서 '자기 기만'은 통속잡지를 보는 독자들이 자주 사용하는 "이것은 굉장히 수준 높은 잡지여서 모든 사람들이 볼 수 있어"라는 공식화된 말에서 보인다.

따라서 장의 자율성, 그리고 세속적 요구에 저항하는 능력에 의하여 가능했던 경험들이 위협받게 될 수 있는 것이다. 세속적 요구는 오늘날 시청률로서 상징화되는데, 지난 세기의 작가들이 예술(과학에 대해서도 마찬가지로 말할 수 있음)이 보통선거식의 심판에 종속될 수 있다는 사상에 대항하여 항거했을 때 분명하게 밝혔던 것이다. 이같은 위협에 대해 두 가지 전략이 가능하고, 이것은 장과 자율성의 정도에 따라 다소 자주 사용된다. 그것은 장의 한계를 엄격하게 정하고, 저널리즘적인

---

8) 현대 미술의 최근 주장들은 전위예술을 국민투표, 또는 여론에 종속시켜 얻는 판결과 거의 구별되지 않는다.

사고와 행동의 침입에 의하여 위협받는 경계를 복원하도록 노력하는 것이다. 혹은 상아탑의 은둔처에서 나온 가치들을 강요하기 위하여 상아탑에서 벗어나는 일(졸라가 시도한 모델처럼)이다. 그리고 저널리즘 장 내에서도 자율성에 의해 획득과 정복이 가능한 것들을 외부에 강요하기 위하여, 전문화된 장 내에서 혹은 그 밖에서 가능한 모든 방법들을 이용하는 것이다.

분명한 과학적 판단에 접근하기 위한 경제적·문화적 조건들이 있다. 과학 생산의 조건 자체를 동시에 없애지 않고서, 우리는 과학의 문제를 풀기 위해 보통선거(혹은 여론)를 요구할 수 없다. (사람들은 알지 못한 채 비록 가끔 간접적으로 그렇게 하지만…….) 즉 그 조건이란 공정치 않고, 부적당한 외부의 생산 및 평가 원칙의 파괴적 행위에 대항하여 과학(혹은 예술)의 세계를 보호하고 있는 출입문의 바리케이드이다. 그러나 이 바리케이드를 '다른 방향에서' 돌파할 수 없다고, 그리고 자율성에 의하여 획득한 것을 민주적으로 재분배하는 것이 내재적으로 불가능하다고 결론지어서는 안 된다. 물론 다음과 같은 사실을 잘 인식하고 있다는 조건하에서 그렇다. 즉 가장 발달한 과학적 혹은 예술적 탐구로부터 얻은 가장 귀한 지식을 통속화하려는 모든 행위는, 사실상 저널리즘의 장이 가지고 있는 (과학적 혹은 예술적) 정보의 '분배 기구의 독점'에 대한 문제제기를 가정하고 있다는 사실이다. 또한 그 행위는 문화 생산자(이 경우 정치인들도 포함할 수 있음)와, 소비자 대중 사이를 조정하는 수단을 가지고 있는 사람들의 상업적 대중선동이 만든 가장 많은 기대의 표상에 대한 비판을 가정하고 있다는 사실이다.

전문화된 생산의 장의 자율성에 기반을 둔 전문적 생산자(혹은 그들의 생산물)와 단순한 소비자(독자·청중·관객, 그리고 유권자) 사이의 간격은 다소간 크고, 장에 따라 이를 극복하기는 다소간 어려우며, 민주적 관점의 원칙에서 볼 때 이에 접근하기도 다소간 힘들다. 그리고 외견과는 정반대로 이 간격은 그의 원칙과도 반대되는 정치적 질서에서도 발견된다. 비록 저널리즘의 장과 정치의 장에 참여한 행위자들이 영원한 경쟁과 투쟁의 관계에 있더라도, 그리고 저널리즘의 장이 어떠한 방식으로 매우 강력한 효과를 발휘하는 정치의 장에 포함된다 하더라도, 이 두 장들은 매우 직접적이고 밀접하게 시장과 국민투표의 제재의 영향 아래 있다는 공통점을 지니고 있다. 따라서 저널리즘 장의 영향력은 정치의 장에 참여한 행위자들의 경향이 더 큰 기대와 요구의 압력에 굴복되도록 강화된다. 그리고 때로 열정적이고 분별 없는 이 기대와 요구는 언론의 표현에 의한 동원적인 강요에서 형성된다. 장의 자율성이 보장하는 자유와 비판적 권력을 사용할 때를 제외하고, 언론 특히 (상업) 텔레비전은 그 자신이 의존해야만 하는 여론과 같은 방향으로 행동한다. 비록 여론이 정치의 장 자체의 폐쇄성을 강화시키는 경향을 갖는 합리적 대중선동의 수단으로 사용될 수 있다 하더라도, 여론은 '매개 없이' 유권자와 직접적인 관계를 형성한다. 이 관계는 형성된 여론을 정교화하고 제시하도록, 사회적으로 위임받은 개인 혹은 (정당 또는 노조 같은) 집단행위자들이 제대로 기능하지 못하도록 만든다. 그것은 위임자들과 대변인들로부터 '여론'의 합법적인 표현의 독점에 대한 그들의 요구(과거 대편집인들과 같은 요구), 그리고 동시에 위임이라고 가정된 혹은 실제적 의견들에 대한 비판 형성(국회에서처럼 때때로 집단적인 비판)을 위해 일하는 능력을 박탈한다.

그 자신이 증가하는 상업적 논리의 영향력에 종속되는 저널리즘은, 대중선동의 경향(아주 특별한 순간에 합리적인 방식으로 대중선동을 할 방법을 제공함)에 의해 항상 사로잡힌 정치의 장에 대해 끊임없이 영향력을 증가시킨다. 이 영향력은 정치적 장의 자율성을 약화시키는 데에 기여한다. 동시에 이것은 '전문가'적 능력, 혹은 '집단적 가치의 수호자'의 권위를 내세우도록 (정치적 혹은 기타) 대표들에게 부여한 능력을 약화시키는 데에 기여한다.

마지막으로 법학자들의 경우를 말하지 않을 수 없다. 그
들은 '경건한 위선'의 대가로, 그들의 심판의 원칙을 외부 구
속 요인, 특히 경제적 요인에서가 아니라 그들이 지키는 초월
적 규범에서 발견한다는 신념을 영속화할 수 있다. 법의 장은
정치, 혹은 경제의 필요성과 타협하는 세계가 아니다. 그러나
그렇게 인정된 사실은 우선 법을 말하는 직업을 가진 사람들
이 완전히 실질적인 사회적 효과를 내게 하는 데에 기여한다.
그러나 집단적 위선에 대해 다소 솔직한 화신(化身)들인 법률
가들이 초월적·보편적 진리와 가치에 복종하지 않고, 다른 모
든 사회행위자들처럼 구속 요인들에 의하여, 즉 절차 혹은 위
계질서를 전복시키면서 경제적 궁핍의 압력 혹은 저널리스트
적 성공의 유혹에 넘어가는 일이 생기게 될지 모른다.

짧은 규범적 후기

기자들을 구속하는 요인들과, 또다시 기자들이 문화 생산자들을 구속하는 요인들을 밝혀내는 것은——이런 말을 할 필요가 있을까마는——책임자들을 비난하려는 것이 아니며, 또한 죄인들의 명부를 만드는 것이 아니다.[9] 이것은 메커니즘의 이해를 통하여 그들 모두에게 해방의 가능성을 제공하도록 시도하는 것이다. 또한 이것은 그들에게 아마도 예술가·작가·학자와 기자 및 분배 수단들을 (거의) 독점한 사람들 사이에 협의한 행동 프로그램을 제시하려는 것이다.

---

9) 녹취한 말이나 인쇄된 글이 '있는 그대로 발표'되자마자 일어날 수 있는 '독설'과 풍자의 효과를 피하기 위하여, 나는 자료들을 그대로 인용하기를 몇 번이고 거부하여야 했다. 그 자료들은 나의 설명에 더 큰 힘이 되고, 친숙한 문맥을 제거하면서 탈통속화하는 인용의 효과로서, 독자들에게 평범한 시각이 습관처럼 놓쳐 버리는 모든 예들을 상기시켜 줄 수 있었다.

찾아보기

참고 문헌

ACCARDO (Alain), avec G. Abou, G. Balastre, D. Marine, 《*Journalistes au quotidien, Outils pour une socioanalyse des pratiques journalistiques*》, Bordeaux, Le Mascaret, 1995.

ACCARDO (Alain), 〈Le destin scolaire〉, in P. Bourdieu, 《*La Misère du monde*》, Paris, Editions du Seuil, 1993, p.719-735.

BOURDIEU (Pierre), 〈L'Emprise du journalisme〉, 《*Actes de la recherche en sciences sociales*》, 101-102, mars 1994, p.3-9.
— 〈avec Wacquant Loic〉, 《*Réponses*》, Paris, Editions du Seuil, 1992.

CHAMPAGNE (Patrick), 〈La construction médiatique des'malaises sociaux'〉, 《*Actes de la recherche en sciences sociales*》, 90, décember 1991, p.64-75.

— ⟨La vision médiatique⟩, in ⟪*La Misère du monde*⟫, *op. cit.*, p.61-79.

— ⟨La loi des grands nombres. Mesure de l'audience en représentation politique du public⟩, ⟪*Actes de la recherche en sciences sociales*⟫, 101-102, mars 1994, p.10-22.

DELEUZE (Gilles), ⟪*A propos des nouveaux philosophes et d'un problèms plus général*⟫, Paris, Editions de Minuit, 1978.

GODARD (Jean-Luc), ⟪*Godard par Godard. Des années Mao aux années 80*⟫, Paris, Flammarion, 1985.

LENOIR (Remi), ⟨La parole est aux juges. Crise de la magistrature et champ journalistique⟩, ⟪*Actes de la recherche en sciences sociales*⟫, 101-102, mars 1994, p.77-84.

SAPIRO (Gisèle), ⟨La raison littéraire. Le champ littéraire français sous l'Occupation(1940-1944)⟩, ⟪*Actes de la recherche en sciences sociales*⟫, 111-112, mars 1996, p.3-35.

— ⟨Salut littéraire et littérature du salut. Deux trajectoires de romanciers catholiques: Français Mauriac et Henry Bordeaux⟩, ⟪*Actes de la recherche en sciences sociales*⟫, 111-112, mars 1996, p.36-58.

저자 약력 및 저작

1930년 8월 1일 오트피레네 지방의 당겡에서 태어남. 그의 부
친은 우체국의 하급 공무원이었음. (작은 지방 출신이며, 별
로 높지 않은 신분은 부르디외 자신에 의해 자주 언급됨.) 포
고등학교에서 공부한 다음에 파리의 루이르그랑고등학
교, 이어서 파리고등사범학교에 들어감.

1955년 25세에 철학교수자격시험에 합격, 물랭고등학교에서
철학교사, 이어 알제리대학 문학부에서 조교(1958-1960).

1961년 릴대학 문학부의 전임강사로 임명됨. 1964년에 사회
과학고등연구원 연구주임. 34세에 그는 그의 세대 중에
서 가장 탁월한 교수가 되었고, 사회과학고등연구원에서
가르치는 가장 젊은 교수가 됨.

1962년 11월 2일 마리 클레르 브리자르와 결혼. 세 명의 자녀
를 둠.

1975년 《사회과학연구》지 창간.

1980년 12월 1981년 5월의 대통령 선거에서 콜뤼슈 지지를
　　　공식적으로 선언.

1981년 콜레주드프랑스 교수에 임명됨.

1981년 12월 13일 폴란드의 전쟁 상태 돌입과 함께 피에르 부
　　　르디외와 미셸 푸코는 '솔리다르노스크'에 대한 지원 운
　　　동을 펼침. 이 호소문은 유명한 지식인들과, 당시 그와 푸
　　　코가 가까웠던 노동조합 CFDT의 지지를 받음.

1984년 6월 에이즈로 사망한 미셸 푸코에게 바치는 글을 《르
　　　몽드》에 기고.

1988년 9월 16일 《르 몽드》지에 실린 〈시민의 덕〉이라는 기사
　　　에서, 새 총리인 미셸 로카르의 누벨칼레도니에 대한 '모
　　　범적인' 방식에 대해 방어를 함.

1989–1990년 그는 총리인 미셸 로카르와 교육부 장관 리오
　　　넬 조스팽의 교육개혁정책을 지지하고, 교육내용심의위
　　　원회를 주재하는 것을 수락함.

1995년 2월 피에르 부르디외의 지원을 받아 필리프 코르퀴프
　　　에 의해 반자유주의적이고 '유일한 사유'에 반대하는 메
　　　를로퐁티클럽 창설.

1995년 12월 4일 '쥐페 플랜'에 반대하는 데모중에, 그리고 잡

지 《에스프리》에 의해 주도된 탄원에 대한 반동으로
부르디외는 수많은 극좌파 운동원들과 함께 '파업 노동
자들 지지를 위한 지식인들의 궐기' 운동을 시작하기를
수락함.

1995년 12월 12일 중요한 데모중에 부르디외는 리옹역 철도
노동자들 앞에서 연설을 함. "나는 3주 전부터 어떤 문명
의 파괴에 저항하여 투쟁하는 모든 사람들에 대한 우리
의 지지를 말하기 위해 여기에 있습니다."

1996년 《텔레비전에 대하여》를 발간하면서, 그는 새로운 출판
사 자유-행동하는 이성을 시작함. 이 출판사의 소책자들
은 30프랑의 저가에 판매됨. (지금까지 5권이 출판되었는데,
그 중 1997년에 발간된 《새로운 파수꾼들》은 이 출판사의 성
공작이다.)

1996년 10월 25일 《리베라시옹》지에 〈티에트메이예 생각에
반대하여, 유럽의 복지국가〉를 발표함. 분데스방크의 장
(長)이 그에게 "세상은 사람들이 그렇게 생각하는 것처럼
간단하지가 않다"라고 대답할 것이다. (1998년 5월 9일, 《르
몽드》)

1996-1997년 이란의 시아파교도들에 의해 사형 선고를 받은
작가 살만 루시디에 대한 방어와 평행하게, 그는 수많은

논문들과 탄원을 통해서 알제리의 지식인들을 지지함.

1997년 11월 몇 년 전부터 고등교육과 연구에 대한 심의회(A-RESER)를 창설하였기 때문에 그는 수없이 자기의 입장을 발표하고(예컨대 1996년 7월 18일의《르 몽드》지), 1997년 리베르 출판사에서《위기의 대학을 위한 몇몇의 진단과 치료》를 펴냄.

1998년 1월 부르디외는 실업자들의 '운동'에 지지를 표함. 그는 실업자들에 의해 점유된 고등사범학교로 가서 의견을 말함. "실업자들의 운동, 사회적인 기적."

1998년 4월 8일 〈좌익적인 좌익을 위하여〉라는 논문에서, 그는 〈블레어-조스팽-슈뢰더의 신자유주의적 트로이카〉를 비난함.

1998년 9월 《남성 지배》를 펴냄(쇠이유 출판사).

《상속자들, 학생들과 문화》, 1964년, 장 클로드 파스롱 공저
　　저자들은 합법화의 기능 속에서, 따라서 기회들의 불평등 영속화 기능 속에서 경제적 불평등의 영향을 넘어 지식들·행동 양식, 그리고 말하는 기술로 이루어진 '자산'인 학교에서의 문화적 상속의 역할을 밝힌다.

《대중 예술. 사진의 사회학적 사용에 대한 소고》, 1965년, 뤽 볼탄스키·로베르 카스텔·장 클로드 샹보르동 공저

　　1961년에서 1964년까지 실시된 앙케트로부터 네 명의 연구자들은 '대중문화'가 사회의 모든 행위자들로 하여금 문화적 실천들을 이용하도록 해준다는 고정관념과는 반대로, 사진적인 실천은 계급적인 소속으로 특징지어져 있음을 밝힌다.

《예술의 사랑. 유럽의 미술관과 대중》, 1966년, 알렝 다르벨·도미니크 슈나페르 공저, 1969년 재판

　　'문화적 확산 법칙들'에 대한 이 작품의 결론은 《상속자들》《대중예술》과 같은 선상에서 문화 '민주화'의 유토피아, 다시 말해 문화의 최대다수에 대한 접근의 유토피아에 대해 문제제기를 한다.

《사회학자의 직업, 인식론적인 전제 조건들》, 1968년, 장 클로드 샹보르동·장 클로드 파스롱 공저, 1973년부터 수정판 재판

　　이론적인 이 책은 '인식론과 방법론'에 대한 서문 이후에 사회학적인 대상의 형성을 연구한다. 그리고 '사회학에 있어서 실증주의적 유혹의 사회학적인 스케치'로 끝마친다.

《재생산, 교육 시스템의 이론을 위한 요소들》, 1970년, 장 클로드 파스롱 공저

《상속자들》과 함께 시작된 첫번째 연구 단계 이후에, 저자들은 '상징적 폭력' 행위들에 대한 일반 이론을 구성한다. 그러면서 1968년 5월 이후에, 학교에서 상징적 강제 관계의 사회학적인 조건들을 연구한다.

《구별짓기. 판단의 사회학적 비평》, 1979년

사회적 주체들은 그들이 행하는 구분들에 의해, 그리고 그 속에서 그들을 객관적으로 구별하는 집단들의 위치가 표현되는, 또는 노출되는 구분들에 의해 서로 구분된다. 취향들, 그리고 사회적 계급들 사이의 관계들을 분석하면서 피에르 부르디외는 판단의 사회학적 비평을 실현하고, 사회적 계급들에 따른 생활 스타일들의 그림을 그린다. 그는 "예술은 사회적 세계를 거짓 부정하는 훌륭한 자리들 중의 하나이다"라고 주장한다.

《실천 감각》, 1980년

인류학은 과학적 실천 행위들과 도구들을 대상으로 취해야만, 더 정확하게는 연구자가 자신의 대상과 유지하는 바로 그 관계를 대상으로 취한다는 조건에서만 과학으로 완수될 수 있다.

《사회학의 질문들》, 1980년

이 책은 사회학이 제기하는 주요한 질문들, 자신의 방법들, 자신의 기본적인 개념들에 대해 부르디외가 한 인터뷰·발표, 그리고 연설을 모은 것이다.

《말하기의 의미, 언어학적 교환들의 경제》, 1982년

의사소통의 도구인 언어는 마찬가지로 부의 외적인 신호이고, 권력의 도구이다. 그렇기 때문에 사회학자는 사람이 단어들을 가지고 어떻게 행동하는가, 그리고 그것이 의미하는 것이 무엇인가를 분석할 의무가 있다.

《호모 아카데미쿠스》, 1984년

사회학자는 자기 자신의 세계, 그 속에 자기 자신이 잡혀 있는 세계를 이해할 수 있을까? 학교 또는 문화 이후에 부르디외는 프랑스의 대학에 시선을 던진다. 그리고 거기에서도 권력들의 분할이 정치적이고 지적인 위치 취하기들로 이끌고 있음을 확인한다.

《말해진 것들》, 1987년

저자는 이 책 속에서 자신의 철학적 전제 조건들과 자신의 연구들에 대해서 밝힌다. 그는 자기의 작업에 대해 잘못 이해된 면들에 대해서도 말한다.

《마르틴 하이데거의 정치적 존재론》, 1988년

텍스트와 콘텍스트 사이의, 또는 나치 총장과 '존재의 목동' 사이의, 하이데거에 대한 너무 간편한 도식들을 피하

고자 하는 한 사유의 철학적 분석.

《국가 귀족. 거대 유파들과 단체 정신》, 1989년

오늘의 사회를 지배하는 지적인, 정치적인, 관료적인 권력들의 특이한 형상이 어떻게 형성되었는가? 기술 관료들이 자기들의 것이라고 주장하는 역량이란 무엇인가? 피에르 부르디외는 그의 분석을 거대한 유파들과 거대한 단체들에 집중하면서 이러한 질문들에 대답하려고 한다.

《대답들, 성찰적 인류학을 위하여》, 1992년, 로이크 J. D. 바캉 공저

대담으로서, 방법론적인 질문을 받은 부르디외가 자신에게 가해진 반박들에 대답하고, 그가 조금씩 조금씩 건립한 일반적인 인류학의 철학적이고 인류학적인 기초들을 설명한다. (1987년 시카고대학에서 있었던 세미나와 그후에 있었던 대담들로 만들어진 책.)

《세계의 비참》, 1993년, 1998년

3년 동안, 피에르 부르디외의 지휘를 받은 팀이 '프랑스에서 사회적 불행의 오늘날 형태들의 출현 조건들을 이해하기 위해' 50여 개 인터뷰를 실시했다. '조건'의 불행들뿐만 아니라 '위치'의 불행들, '사회적' 고통들뿐만 아니라 개인적 고통들도 포함한다. 이러한 '성찰적' 지식을

공개함으로써 이 사회학자는 사회로 하여금 자기 자신에 대해 개입할 수 있기를 원했으며, '정치를 하는 다른 방법'을 제안했다.

《자유로운 교환》, 1994년, 한스 한케 공저

사회학자와 예술가가 토론을 벌이고, 특히 지식인과 예술가의 독립을 환기한다.

《실천적 이성들, 행위의 이론에 대해》, 1994년

프랑스와 외국에서의 강연들을 모은 책으로, 부르디외는 자신의 과학적 연구를 기초하기 위해 그가 건립하여야 했던 인류학적 이론을 제시한다.

《텔레비전에 대하여, 저널리즘의 영향력》, 1996년

1996년 5월에 파리 프리미에르에서 방영된 콜레주드프랑스의 두 강의. 피에르 부르디외는 스크린 위에서 행사되는 보이지 않는 검열의 메커니즘을 해부하고, 텔레비전에서 이미지들과 담론들의 제조 방식을 분석한다. 또한 저자는 방송의 논리가 문화 생산의 여러 영역들을 어떻게 변화시켰는가를 설명한다.

《파스칼적 명상. 부정적 철학을 위한 요소들》, 1997년

《데카르트적인 명상들》 속에서의 후설식으로, 부르디외는 자기 자신의 생각을 개진하기 위해 파스칼에 기댄다.

그는 자기 이론의 체계화를 위한 시도 속에서, 자신의 모든 작품에 대한 철학적 고찰과도 같은 책을 제시한다.

《맞불, 신자유주의적 침략을 물리치기 위한 말》, 1998년

'신자유주의의 재앙에 저항하기 위해 노력하는 모든 사람들에게 유용한 무기를 제공할 수 있는' 최근의 인터뷰·기사·연설들을 모은 책. (세계화에 대해, 실업자 운동에 대해, 필리프 솔레르스와 H. 티에트메이예에 대해, 텔레비전과 정치 사이의 관계에 대해…….)

《남성 지배》, 1998년

카빌 사회의 인종학적인 묘사와 버지니아 울프의 단편 묘사로부터 시작하여, 남녀 사이의 관계를 분석한다. 그는 '오늘날의 남성들과 여성들 속에 남아 있는 남성 중심적 상징 구조들'을 탐사하려고 한다.

《알제리 사회학》, 1958년

《실향, 알제리의 전통적 농업의 위기》, 1964년, 1977년

《학생들과 그들의 연구》, 1964년

《교육학적 보고와 커뮤니케이션》, 1965년

《실천 이론 개요. 카빌족에 대한 인종학적 세 연구》, 1972년

《알제리 60. 경제적 구조와 시간적 구조》, 1973년

《강의에 대한 강의》, 1982년

《언어와 상징적 힘》, 1991년

《과학의 사회적 사용법: 과학 장의 임상학적 사회학을 위하여》, 1997년

《이의제기의 전망들》, 1998년

(저자 약력 및 저작은 《마가진 리테레르》 1998년 10월호의 피에르 부르디외 특집에서 옮긴 것이다.)

역자 후기

    이 책은 프랑스에서 출판되자마자 논쟁거리가 되면서, 1년도 채 안 되어 10만 부 이상 팔려나가 베스트셀러 리스트에 오르고, 세계 각국에서 번역되어 읽혀지고 있는 피에르 부르디외의 최근 대표작 중 하나이다. 인문사회과학 서적으로서는 보기 드문 이같은 성공은, 프랑스 및 세계 주요국의 지적 풍토를 말해 주고 있다. 이처럼 이 책이 독자 대중의 폭발적인 반응과 기자 및 지식인들의 지속적인 반향을 불러일으키는 이유는, 세계적으로 잘 알려진 그의 학자적·사회적 명성 때문이기도 하지만 무엇보다도 언론계 기자·지식인·교양대중들 모두가 관심을 가질 만한 논쟁적인 내용을 담고 있기 때문이다.

    이 책의 저자인 피에르 부르디외는 파리고등사범학교(ENS) 출신의 사회학자로서, 프랑스 최고의 지성을 상징하는 콜레주드프랑스의 교수이다. '제2의 사르트르'라는 격찬의 평가를 받으면서, 그의 학문적·사회적 명성은 프랑스뿐만 아니라 전세계에서도 드높다. 그는 비판적 후기구조주의 이론가이면서 사회 참여를 주장하는 지식인이다. 그는 프랑스 구조주의자들과 많은 사회과학자들이 고민해 온 행위와 구조의 관계를 비교적 설득력 있게 학문적으로 정립한 사회이론가이다. 그는 장(Champ)과 아비투스(Habitus) 및 문화자본(Capital culturel)·상징폭력(Violence symbolique) 등, 그가 창안한 주요 개념들과 이론을 이미 수십 권의 방대한 저서들을 통해 설명하고, 여러 분야에 걸쳐 응용하고 있다. 그의 이론과 사상을 소개하면서 이에 동조하는 프랑스 및 전세계의 수많은 학자들이 있다. 이들은 오늘날 어느덧 하나의 학파, 즉 부르디외학파를 형성하고 있다고 말할 수 있다. 이것은 그가 학문적 명성을 누릴 만한 충분한 이유라고 할 수 있다. 그런데 부르디외는 성공한 학자로서의 학문적 명성 이외에 행동하는 지식인으로서의 사회적 명성도 얻고 있다. 90년대 중반부터 부르디외는 적극적으로 사회에 참여하는 모습을 보여주고 있다. 빈곤·실업·파업 등의 사회 문제의 직시와 그 해결에 있어서 그는 지식인들의 이성과 양심에 호소하면서, 신자유주의자·보수주의자·사이비 사회주의자들을 비판하고 그들과 논쟁하면서 때로는 자신의 정치적 입장 표명까지 강요당하는 상황에까지 이른다.

이와 같이 방대한 저술 활동과 적극적 사회 참여에 의한 학문적·정치적 논쟁을 통해 부르디외는, 신문·잡지·텔레비전 등 매스미디어에서 자주 거론되는 중요한 사회적 인물이 되었다. 그는 어느 누구보다도 상아탑 속에서 학문의 자율성을 누리기 위해서 학자가 할 일을 알고 있는 사람이다. 그의 독특한 사회비판이론의 정립도 학문의 장의 자율성이 보장될 때 가능했던 것이다. 그런데 문제는 오늘날 학문과 지식인의 장마저 막강한 저널리즘의 영향을 받고 있다는 것이다. 저널리즘의 장의 타율성이 문화 생산의 자율성을 침해하고 있다는 사실이다. 부르디외는 자신의 경우에 비추어 보아 이 문제의 심각성을 잘 알고 있었을 것이다. 그래서 그는 텔레비전을 포함한 저널리즘의 메커니즘이 진리 추구와 민주주의 발전에 큰 위협이 된다고 비판하면서, 기자 및 지식인들이 그 메커니즘의 구조를 파악하고 자신들의 현위치와 역할에 대해 반성하기를 촉구하고 있다.

부르디외는 저널리즘의 메커니즘을 폭로하면서 언론계의 기자들에게 자신의 구조적 한계를 사회학적 시각을 통해 직시할 것을 요청한다. 부르디외가 보기에 저널리즘의 장은 합리적 커뮤니케이션의 조건인 자율성을 상실하고 있다. 신문이나 텔레비전은 구조적으로 정치 논리와 경제 논리에 종속되어 있다. 이 저널리즘의 구조는 기자들의 시각과 표현을 구속하고,

나아가 문화 생산의 장과 사회 전체에 영향을 미친다.

결국 텔레비전은 탈정치적, 혹은 대중선동적인 정치적 메시지를 전달하면서 민주주의 발전을 위협하는 도구가 되어가고 있다. 텔레비전은 정보의 독점과 조종을 통해 민주시민이 권리를 행사하기 위해 필요한 정보를 제공하지 않거나 왜곡시키는 '검열'을 한다. 부르디외는 오늘날 텔레비전이 '상징적 폭력'의 기제가 되어가고 있다고 비판한다. 이런 기제의 전방에 기자인 동시에 작가·역사가, 그리고 지식인의 행세를 하는 텔레비전 방송 기자들이 있다. 짧은 지식과 판단으로 임의적으로 지식인을 범주화하고, 지식 사회를 폄하하는 기자들의 반지식인주의(L'anti-intellectualisme)는 언론의 지식인 조종의 단면을 보여주고 있다. 텔레비전은 지식인마저 미디어 지향적인 사이비 지식인으로 만들어 가고, 그들에게 패스트 푸드와 같은 '빠른 사고'만을 요구한다. 이 성공한 지식인이나 정치가들은 텔레비전이 자주 초대하고 비추어 주어 인정해 준 사람들이다. 오늘날 텔레비전 속의 지식인들은 고유한 사회비판 의식을 상실한 채 기존 질서에 의해 허락된 사회적 '통념'만을 전할 뿐이다. 또한 텔레비전 토론 프로그램은 민주적인 것처럼 보이나, 출연자들의 구성이나 사회자의 진행 방식을 보면 가짜 민주주의 형식이다. 이처럼 부르디외에게 있어서 텔레비전과 미디어를 통한 민주주의의 실현은 불가능한 것처럼 보인다.

한편 텔레비전은 '시청률'이라는 상업적 논리에 의해 지배당하고 있다. 방송사가 소유주와 광고주의 자본과 시장 점유율에 의해 종속되어 있기 때문이다. 그런데 부르디외에 의하면, 저널리즘의 장은 서로 다른 자본과 사회적 위치를 가진 언론사들이 시장 점유를 위해 경쟁하는 투쟁의 공간이다. 언론의 성격은 이같은 전체 저널리즘의 장 속에서 차지하는 언론기관의 위치와, 그 기관 속에 있는 언론인들의 위치와 관련하여 규정된다. '아젠다(agenda)'를 설정하면서 사회적 영향력을 과시하며, 그 자신의 고유한 법칙을 만들어 가는 방송사가 있는 반면, 방송에 의해 '재취재'될 때 비로소 그 자신의 가치를 인정받는 신문사들도 있다. 그런데 점차 치열한 시장 경쟁으로 인해 방송인과 기자들은, 선정적이고 구경거리가 될 만한 스포츠나 일상적 사건사고들을 일화적으로 다루면서 과장한다. 이제 선정성과 상업성이 뉴스의 선별 기준이 되어 버렸다. 그리하여 서로 경쟁하고 차별화하려는 언론 미디어들은 아이러니컬하게도 비슷한 시장 메커니즘으로 속보·특종 뉴스·프로그램 포맷에 있어서 서로 동질화·획일화되고 있다. 이러한 방송의 시청률 지상주의가 낳은 병폐에도 불구하고 시청률을 마치 국민투표의 결과로 보면서 시장 논리 지배의 정당성을 옹호하는 세력들이

있는데, 부르디외는 이들을 세계화 운운하는 신자유주의자들
이라고 비난한다.

그러면 미디어와 민주주의는 양립불가능한 짝인가? 방송
인과 기자들은 권력자와 자본가의 하수인들로 전락한 것인가?
그리고 지식인들은 이들과 손잡은 공모자들인가? 그러면 이제
진정한 사회학자·철학자·작가 등의 지식인들은 방송인들과
신문기자들을 비난하고, 모든 미디어와의 공모 관계를 거부
해야 할 것인가? 미디어를 통한 민주주의 정치에 대한 부르
디외의 비전은 단순히 냉소적이거나 비관적이지 않다. 부르디
외는 때로는 언론인들의 자존심을 건드리고 이들을 비난하지
만, 이들을 저널리즘 구조의 희생자로 보고 이러한 구조적 한
계를 함께 극복하는 방안을 마련하자고 제안한다. 그는 올바
른 커뮤니케이션이 가능하도록 합리적 조건을 만들기 위해 노
력하면서 방송에 참여하는 것은 민주 사회를 위한 지식인의
'의무'라고 말한다. 그는 저널리스트들에게 명쾌하고 비판적인
지식과 행동의 수단을 제공한다. 그는 자신의 사회학적 분석이
저널리즘의 구조에 저항하는 기자 및 지식인들의 지적 '무기'
가 되기를 바란다고 말한다.

부르디외에 따르면, 저널리즘 장의 자율성이 회복되기 위
해서는 장 내의 타율적 언론인 및 지식인들과 싸워야 한다. 객

관적 과학의 지식과 방법의 무기를 가지고 그들과 토론하며 그들을 비판해야 한다. 저널리즘의 장의 자율성이 확보될 때, 학문·정치·지식인의 장들도 미디어의 영향력에서 벗어나 자율성을 갖게 되는 것이다.

　이 책은 원래 부르디외가 텔레비전 앞에서 텔레비전을 비판하는 두 개의 강의와 한 편의 논문을 묶어 펴낸 것이다. 비록 짧은 글이지만 부르디외의 문화 이론이 무난히 적용되고, 언론 현실에 대한 그의 비판과 동시에 애정어린 관심이 여실히 드러나는 글이라고 말할 수 있다. 부르디외가 이 책에서 폭로하는 프랑스 저널리즘의 모순된 세계는 우리의 것과 크게 다르지 않다. 텔레비전을 포함한 매스미디어의 정치적·상업적 성격은 국가에 따라 조금씩 다른 양상으로 나타날지라도 구조적으로 볼 때 보편적으로 발견되는 속성은 같다. 그리고 이 언론의 구조적 한계와 타협하고 공모하는 기자 및 지식인의 상도 오늘날 변모하는 우리의 현실 속에서 흔히 볼 수 있다. 독서를 하면서 우리의 현실을 자주 연상시킨다면 그 즐거움이 배가될 것으로 믿는다.

　올 여름방학은 유난히 무덥고 비도 지루하게 내렸다. 이런 날씨 속에서의 번역 작업은 흔히 지루하게 느껴질 것이나 이번 경우는 좀 달랐다. 그 이유는 책의 부피가 작았기 때문만은 아니었다. 내용도 흥미있었기 때문이거니와, 파리 유학 시절 한때 역자가 사사를 받았던 스승의 생생한 육성을 듣는 것 같아 시종일관 긴장하였기 때문이다.

긴장 속에서 번역과 씨름하는 방학 동안에 몇몇 방송국의 출연 제의를 거절한 적이 있다. 그러나 나는 모 시사주간지의 칼럼 집필은 수락하였다. 방송과는 달리 제약이 없는 조건 때문이었지만, 이것 역시 일종의 미디어를 통한 지식인의 사회 참여 행위이기 때문에 여간 조심스러운 것이 아니었다. 우리나라에는 텔레비전에 자주 얼굴을 내미는 '텔레페서(telefessor)'가, 또 그렇게 하고 싶어하는 '프로페서(professor)'들이 적지않다. 그들 중에는 피상적으로 전문가 행세를 하는 '아마페서(ama-fessor)'와 정치 권력을 꿈꾸는 '폴리페서(polifessor)'들이 많다. 지식인과 미디어의 관계, 이것은 번역을 하는 동안 시종일관 특별히 나의 관심을 끌었던 주제이기도 하다.

1998년 9월, 현택수

현택수 (1958~)
고려대 사회학과 졸업
프랑스 Paris 8 대학 사회학 석사
프랑스 Paris 4 대학 사회학 박사
한국방송개발원 선임연구원
고려대 사회학과 교수
서던 캘리포니아대학 방문교수를 역임하고,
한국사회문제연구원장으로 재직중이다.

東文選 文藝新書 404
텔레비전에 대하여

초판 발행 1998년 11월 10일
재판 양장 2024년 10월 25일

지 은 이 피에르 부르디외
옮 긴 이 현택수

펴 낸 곳 **東文選**
제10-64호, 1978년 12월 16일 등록
서울 종로구 인사동길 40
전화 02-737-2795
팩스 02-733-4901
이메일 dmspub@hanmail.net

ISBN 978-89-8038-953-7 94000
ISBN 978-89-8038-000-8 (세트)

정가 19,000원

【東文選 文藝新書】

【東文選 現代新書】

306 아이들에게 들려주는 철학 이야기　　　R. -P. 드루아 / 이창실　　　　8,000원

【기 타】

☑ 모드의 체계	R. 바르트 / 이화여대기호학연구소	18,000원
☑ 라신에 관하여	R. 바르트 / 남수인	10,000원
☑ 說 苑(上·下)	林東錫 譯註	각권 30,000원
☑ 晏子春秋	林東錫 譯註	30,000원
☑ 西京雜記	林東錫 譯註	20,000원
☑ 搜神記(上·下)	林東錫 譯註	각권 30,000원
☑ 경제적 공포[메디치상 수상작]	V. 포레스테 / 김주경	7,000원
☑ 古陶文字徵	高 明·葛英會	20,000원
☑ 그리하여 어느날 사랑이여	이외수 편	4,000원
☑ 錦城世稿	丁範鎭 謹譯	50,000원
☑ 너무한 당신, 노무현	현택수 칼럼집	9,000원
☑ 노블레스 오블리주	현택수 사회비평집	7,500원
☑ 딸에게 들려 주는 작은 지혜	N. 레흐레이트너 / 양영란	절판
☑ 떠나고 싶은 나라―사회문화비평집	현택수	9,000원
☑ 무학 제1집	전통무예십팔기보존회 편	20,000원
☑ 뮤지엄을 만드는 사람들	최병식	20,000원
☑ 미래를 원한다	J. D. 로스네 / 문 선·김덕희	8,500원
☑ 바람의 자식들―정치시사칼럼집	현택수	8,000원
☑ 사랑에 대한 개인적인 의견	P. 쌍소[외] / 한나 엮음	13,000원
☑ 산이 높으면 마땅히 우러러볼 일이다	유 향 / 임동석	5,000원
☑ 살아 있는 것이 행복이다	J. 도르메송 / 김은경	12,000원
☑ 서기 1000년과 서기 2000년 그 두려움의 흔적들		
	J. 뒤비 / 양영란	8,000원
☑ 선종이야기	홍 희 편저	8,000원
☑ 섬으로 흐르는 역사	김영회	10,000원
☑ 세계사상	창간호~3호	각권 10,000원
☑ 나는 대한민국이 아프다	신성대	18,000원
☑ 품격경영(상)	신성대	26,000원
☑ 품격경영(하)	신성대	26,000원

【대한민국역사와미래총서】